新谷尚紀 編

京都異界に秘められた古社寺の謎

歴史を動かした
京千二百年の舞台裏

ウェッジ

はじめに――なぜ、京都人は鞍馬に近づかないのか？

千年の都、雅びやかな王朝文化の粋《すい》、由緒ある古社寺の街、風情ある古都の町並み、奥ゆかしい……。

「京都」への賛辞は、あげてゆけばきりがない。

だが、美女の横顔に浮かぶ憂え気な表情のごとく、古都の華やかさの背後には、暗い影も見え隠れする。

たとえば、京都の夏の風物詩といえば八坂《やさか》神社の祇園祭《ぎおんまつり》だが、この賑々《にぎにぎ》しい祭礼は、平安貴族たちを苦しめる怨霊《おんりょう》を鎮めるために、また都人をつぎつぎに死に追いやる疫病《えきびょう》をもたらす疫神《えきじん》を祓い送るために行われた祭祀に由来している。祇園祭の根底には、京都の人びとが抱いた恐怖と不安があった。

また、京都市街の中心部から北へ十キロも行けば、そこは老杉が鬱蒼《うっそう》と生い茂る鞍《くら》馬《ま》の山の中である。深山に建つ鞍馬寺は京都北方の守護神として信仰される毘沙門《びしゃもん》天《てん》を本尊とするが、奥の院には神格化された天狗《てんぐ》ともいうべき「魔王尊《まおうそん》」が奉安されている。その魔王殿から不動堂付近にかけて広がる僧正《そうじょう》が谷《たに》は杉の大樹が林立し、昼なおほの暗く、中世には天狗が出没する魔界・魔境とみなされた。幼き日の源義経すなわち牛若丸《うしわかまる》が鞍馬天狗と出会って武芸を教わった場所というのは、ここだと伝えられている。

平安京の内裏《だいり》に住まう天皇が光の帝王だったとすれば、その背後にあたる空間に蟠《ばん》踞《きょ》する天狗の総帥は、さしずめ闇の帝王といったところだろうか。

日本の都としての京都の歴史は、延暦《えんりゃく》十三年(七九四)にはじまる。

新たに築かれたその都は、平安の地となることを願って平安京と名づけられた。翌年正月に宮中で催された宴会で奏された踏歌《とうか》(中国から伝来した歌舞の一種。地を踏んで拍子をとりながら歌い踊る)では、「新京楽《しんきょうらく》、平安楽土《へいあんらくど》、万年春《まんねんしゅん》」「新年楽、平安楽土、万年春」と新都が高らかに頌《しょう》された。平らかで安楽な地でありますように、いつまでも春のような穏やかさが続きますように——人々のそんな願いがそこにはこめられていた。

ちなみに、「京都」とは本来は天皇が住む都を意味する普通名詞である。「京」も「都」も天子の住む土地、皇居のある土地をさす言葉だ。だが、平安京の西側（右京）が荒廃し、皇居（内裏）の場所が移動し、都市区域が変遷をつづけてゆく中で、「平安京」に代わって「京都」が市街全体を指す地名（固有名詞）として用いられるようになった。固有名詞としての「京都」が定着するのは、中世ごろからである。

ところが、平安京というなんともうららかな名称とは裏腹に、京都は長い歴史のなかでさまざまな災厄に見舞われつづけ、その暗部には天狗や鬼や幽霊が跋扈《ばっこ》する魔界・異界を宿してきた。また、長らく都が置かれていただけに、権力をめぐる陰惨な争いにまつわる悲話、歴史の敗者にまつわる哀話にはことかかない。

そして、往々にしてそうした異界や歴史の闇との接点となったのが神社であり、寺院であり、また逆に接点となった場所が神社や寺院へと発展していった例もめずらしくない。

見落とされがちな、あるいは忘れ去られてしまった京都の「異界」「闇」を、土地の記憶を深く濃くとどめる神社や寺院を切り口にして、探訪してみよう——これが本書の趣旨である。

まず冒頭の序章「京都のほんとうの魅力」では京都の歴史を概観している。

その続きでは、京都の「闇」や「影」を知る社寺、あるいは墳墓などをピックアップし、全体をつぎのようなセクションに分けて、史実やさまざまなエピソードをからめて解説してみた。

第1章「敗者の怨念を鎮める神社」
第2章「異界との境界だった神社・古寺」
第3章「京都に生きた人びとの墳墓としての神社・古寺」
第4章「古都の魔界への入口としての神社・古寺」

もとよりここに取り上げた社寺は、京都にあまたあるなかのほんのごく一部にすぎない。

だが、通りいっぺんの観光ガイドではあきたりない思いをしている人にとっては、本書は「もうひとつの京都」を旅するうえでの格好のしるべになってくれるはずである。

もちろん当座、京都へ出かける予定がない人であっても、京都の「裏」の貌《かお》を学ぶには手ごろな一冊となってくれるはずだ。

今年（令和二年）は残念ながら新型コロナウイルスのせいで思うように旅をしにくいが、本書を読んで空想の気ままな旅を楽しんでもらうこともできるだろう。

また、大河ドラマが好きな人ならば「明智光秀の首塚」（第3章）は興味をそそるテーマであるはずだし、疫病祓いを起源とする「御霊《ごりょう》神社」（第1章）や、地鳴りによって天変地異を予示すると信じられた「将軍塚」（第4章）の歴史には、現在のコロナ禍の社会を考えるうえで参考になる点もあるだろう。

そして、いずれ本書を片手に京都の異界へと出かけ、時代を超えた「場」の息吹を体感していただければ——と願っている。

令和二年（二〇二〇）九月

新谷尚紀

京都異界に秘められた古社寺の謎　目次

目次

第3章
京都に生きた人びとの墳墓としての神社・古寺

目次

白峯神宮
P40
相国寺
元田中
出町柳
今出川
今出川通
晴明神社
P206
京都御苑
鴨川
京阪電車
東大路通
吉田
銀閣寺
一条戻橋
P206
千本通
堀川通
寺町通
河原町通
聖護院／積善院準提堂
P51
真如堂
P206
鹿ヶ谷
鵺大明神社
P220
丸太町
丸太町通
神宮丸太町
二条城
二条城前
烏丸通
下御霊神社
P56
平安神宮
P36
二条
神泉苑
P56
烏丸御池
京都市役所前
三条京阪
東山
南禅寺
蹴上
三条
瑞泉寺
P158
明智光秀の首塚
P150
知恩院
八坂神社
P90
大谷祖廟
P140
京都霊山護國神社
P176
大宮
烏丸
祇園四条
河原町
四条
京都神田明神
P80
地下鉄烏丸線
安井金比羅宮
P51
将軍塚
P230
壬生寺
四条大宮
清水
霊明神社
P176
御陵
鉄輪井
P238
五条
清水五条
六波羅蜜寺
P126
清水寺
大谷本廟
P140
丹波口
西本願寺
P140
東本願寺
P140
六道珍皇寺
P94
七条
豊国神社
P166
豊国廟
P166
京都駅
三十三間堂
東寺
羅城門跡
P188
東寺
東福寺
泉涌寺
九条
九条通
十条
十条通
十条
東福寺
鳥羽街道
近鉄電車
伏見稲荷
伏見稲荷大社
稲荷
地下鉄東西線
龍谷大前深草
上鳥羽口
小野
くいな橋
名神高速道路
深草
竹田
藤森
京都南 IC
醍醐
醍醐
京阪電車
JR藤森
明智藪
P150
墨染
城南宮
P184
桃山
伏見
近鉄丹波橋
JR奈良線
石田
丹波橋
桃山御陵前
伏見桃山
中書島
桃山
六地蔵
桃山南口
観月橋

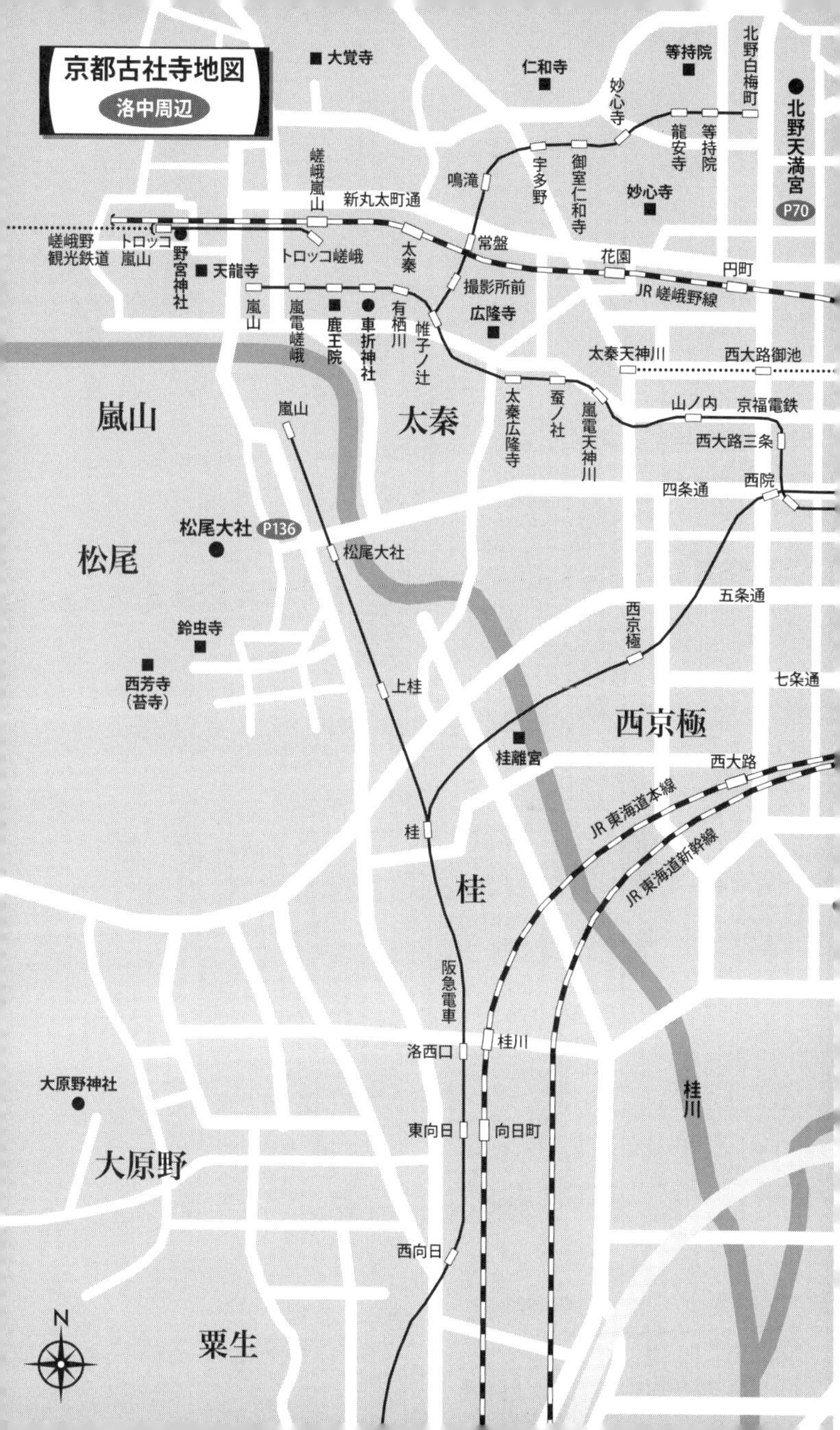

京都古社寺地図
洛中周辺
大覚寺
仁和寺
等持院
北野白梅町
北野天満宮
妙心寺
龍安寺
等持院
宇多野
御室仁和寺
鳴滝
妙心寺
P70
嵯峨嵐山
新丸太町通
嵯峨野観光鉄道
トロッコ嵐山
野宮神社
天龍寺
トロッコ嵯峨
太秦
常盤
花園
円町
撮影所前
JR 嵯峨野線
嵐山
嵐電嵯峨
鹿王院
車折神社
有栖川
帷子ノ辻
広隆寺
太秦天神川
西大路御池
嵐山
嵐山
太秦
太秦広隆寺
蚕ノ社
嵐電天神川
山ノ内
京福電鉄
西大路三条
西院
四条通
松尾大社
P136
松尾大社
松尾
五条通
西京極
鈴虫寺
西芳寺
（苔寺）
上桂
七条通
西京極
桂離宮
西大路
JR 東海道本線
JR 東海道新幹線
桂
桂
阪急電車
洛西口
桂川
大原野神社
桂川
東向日
向日町
大原野
西向日
N
粟生

鞍馬
鞍馬寺
貴船神社
P238
鞍馬
大原
貴船
三千院
貴船口
静原
二ノ瀬
市原
岩倉
叡山ロープウェイ
叡山ケーブル
二軒茶屋
八瀬
京都
精華大前
木野
岩倉
八幡前
西賀茂
上賀茂
八瀬比叡山口
国際会館
上賀茂神社
P246
宝ケ池
修学院離宮
賀茂川
叡山電車
北山
松ケ崎
修学院
北山通
松ケ崎
修学院
北大路
高野川
一乗寺
地下鉄烏丸線
大徳寺
北大路通
白川通
賀茂街道
下鴨本通
下鴨神社
P246
船岡山
川端通
茶山
鞍馬口
北白川
千本閻魔堂
(引接寺)
P106
上御霊神社
P56
白峯神宮
P40
元田中
相国寺
出町柳
晴明神社
P206
今出川
今出川通

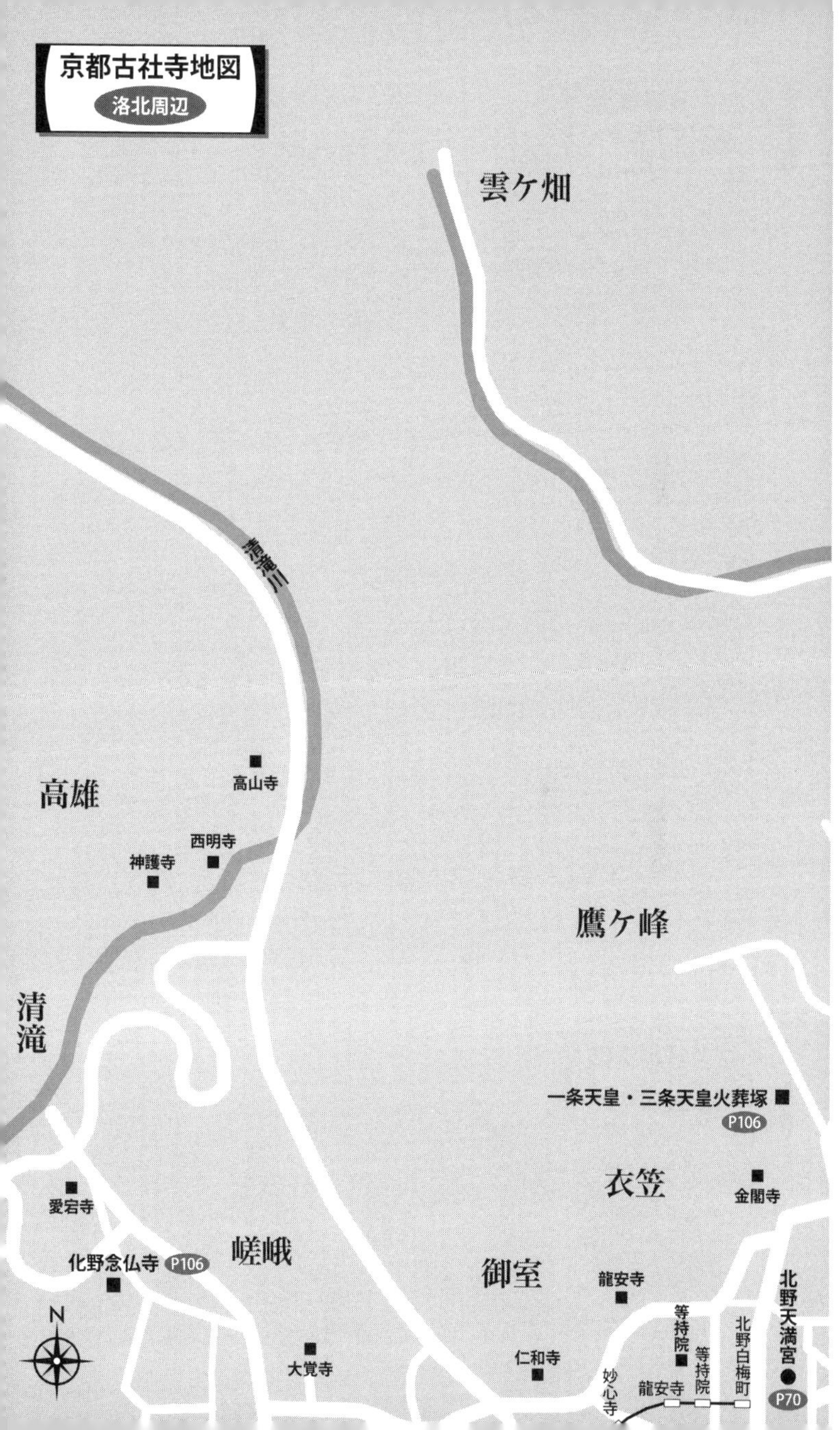
京都古社寺地図
洛北周辺
雲ケ畑
清滝川
高山寺
高雄
西明寺
神護寺
鷹ケ峰
清滝
一条天皇・三条天皇火葬塚
P106
衣笠
愛宕寺
金閣寺
嵯峨
化野念仏寺
P106
御室
龍安寺
北野天満宮
等持院
北野白梅町
N
大覚寺
仁和寺
妙心寺
龍安寺
等持院
P70

京都古社寺地図
宇治周辺

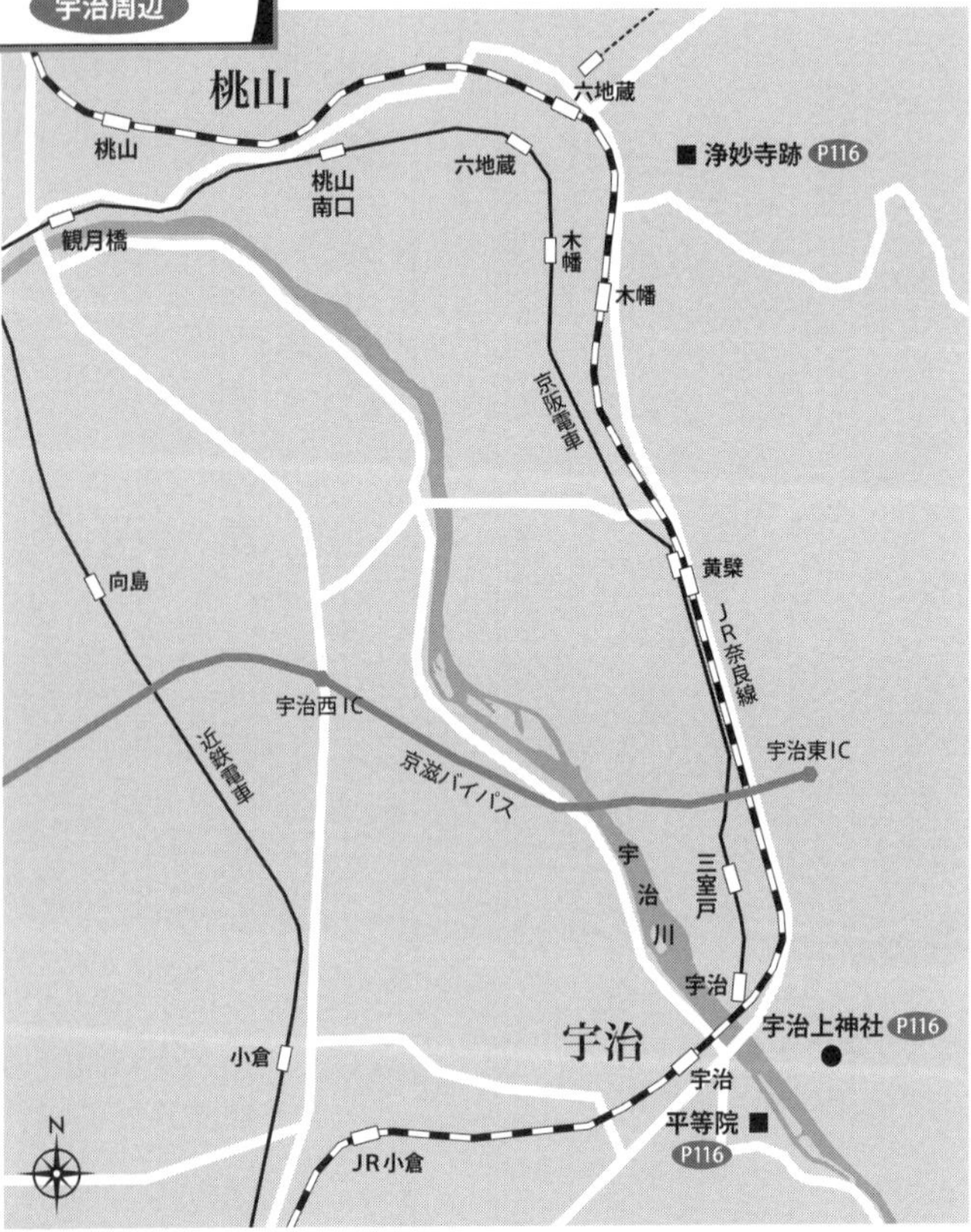

京都古社寺地図
洛西・洛外

序章

京都のほんとうの魅力

——平安京の暗闇を見つめる

あこがれの「古都」

京都といえば、延暦《えんりゃく》十三年（七九四）の平安京遷都《へいあんきょうせんと》以来千二百二十年以上の長きにわたって、日本の文化の発信地としての歴史を歩んできている古都である。

古い由緒を誇る神社や寺院も多く、上賀茂《かみがも》・下鴨《しもがも》の両神社、八坂《やさか》神社や松尾《まつのお》大社、金閣寺《きんかくじ》や銀閣寺《ぎんかくじ》、清水寺《きよみずでら》や東西両本願寺《ほんがんじ》など、また建築では書院造《しょいんづくり》や数寄屋造《すきやづくり》に四季おりおり風情豊かな庭園、最高級の料理文化、能狂言《のうきょうげん》や歌舞伎《かぶき》などの伝統芸能、いずれも日本人だけでなく世界中の人たちがあこがれる日本文化の粋が詰まっている町である。

そんな華やかな京の都には、長い歴史を反映して、明るい面と同時に暗い面、その表と裏とが積み重なって、町中のいたるところに不思議な伝説が生まれ、「異界」に通じる魅惑と恐怖の穴があいている。そこがまた、京都という町の魅力の深さである。

平安時代の建物は残っていない

京都千年の歴史は起伏が多く、平安京の古い時代にかつてその壮麗さを誇った建造物は、いまはほとんど残っていない。朱雀大路《すざくおおじ》や羅城門《らじょうもん》、大極殿《だいごくでん》や紫宸殿《ししんでん》、左近《さこん》の桜や右近《うこん》の橘《たちばな》、藤原道長《みちなが》の東三条殿《ひがしさんじょうどの》や法成寺《ほうじょうじ》、残念ながらそれらはみんないまはない。

大極殿遺蹟　「大極殿」の名は、万物の根源、天空の中心を意味する「太極」に由来する。千本丸太町交差点北西の内野児童公園の中にある（京都市上京区）

　いまも残る平安京の象徴である京都御所も、現在のそれは元弘《げんこう》元年（一三三一）に後醍醐《ごだいご》天皇が京都を脱出したあと、鎌倉幕府が擁立した光厳《こうごん》天皇が里内裏《さとだいり》とした土御門《つちみかど》東洞院殿《ひがしのとういんどの》である。それは応《おう》仁《にん》の乱（一四六七〜七七年）でも焼け残ったほど貴重な文化資源なのだが、実際には何度も再建されてきており、いまの建物は幕末の安政《あんせい》二年（一八五五）に建てられたものである。

　京都という町は常に政治や経済の中心であったからこそ、戦乱や復興の繰り返しの中で、市街地の改造が繰り返されてきた。まさにそれこそが京都の歴史なのである。豊臣秀吉による一五九〇年の天正《てんしょう》の京都改造の影響も、あちこちに残る御土居《おどい》や南北にのびる細い街路、長方形の町割りなどとしていまに残っている。

街並みに漂う古都の記憶

戦乱や火災、政治経済の動向など、時代の流れの中でそれぞれ歴史的な建造物も失われているが、その場所の記憶はかすかに残っている。古い時代の地図や史料を参考にすれば、平安京の時代の朱雀大路はどこにあったのか、羅城門は、大内裏《だいだいり》は、などがわかってくる。それも古都の魅力の一つである。

条坊制といって、東西四・五キロ、南北五・二キロの長方形に区画された都城の北端中央に大内裏を配し、その正門の朱雀門から南北にのびるのが朱雀大路、南端が羅城門、その朱雀大路をはさんで左京と右京に分け、東西南北に走る大路・小路によって、北端の一条大路（現在の今出川《いまでがわ》通と丸太町《まるたまち》通の中間）から、南端の九条大路（現在のJR京都駅南方の九条通）まで、碁盤の目状に縦横正方形の町割りがなされていた。それが現在のように南北に長い長方形の町割りになったのは先の秀吉の天正の地割り

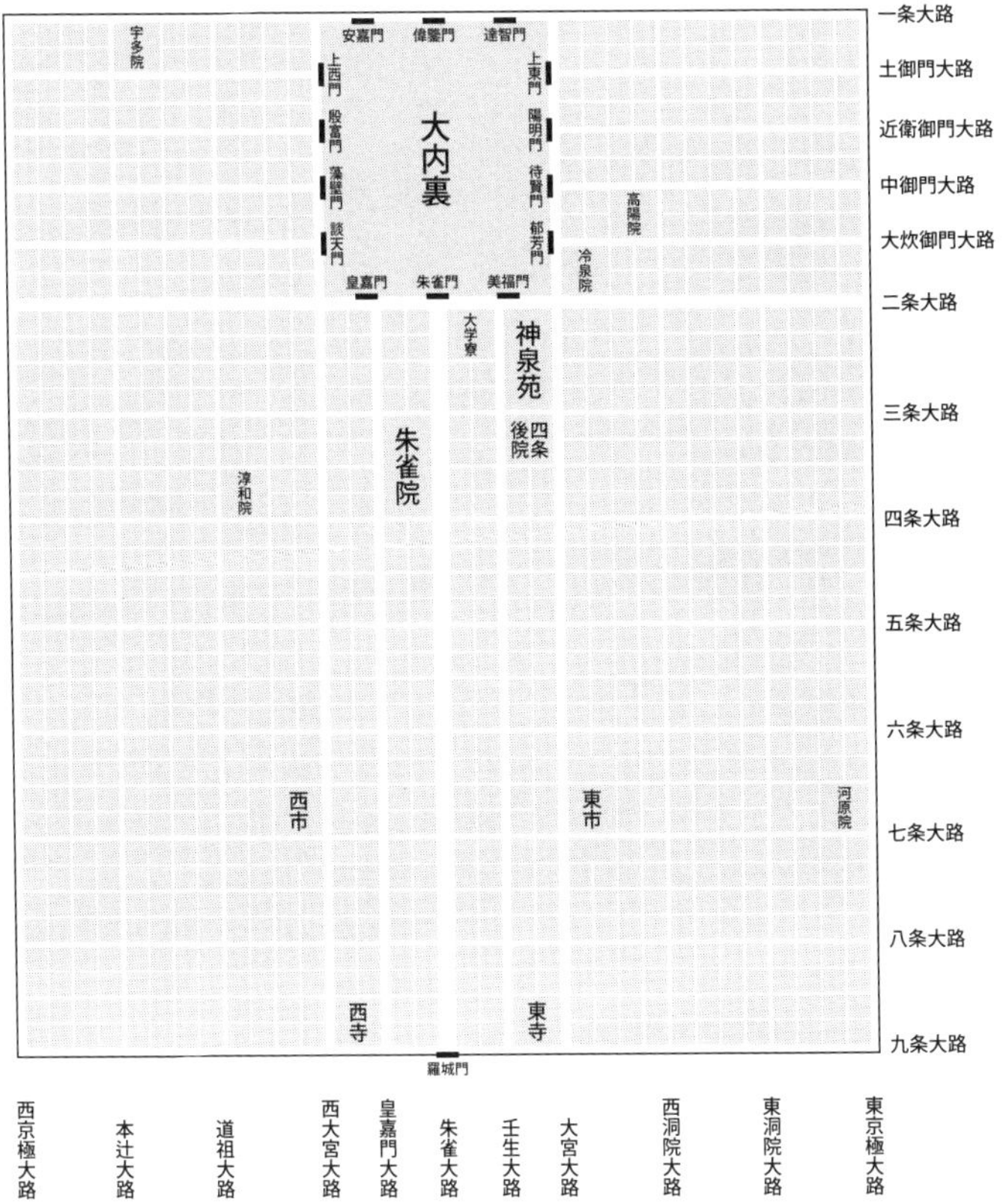
一条大路
土御門大路
近衛御門大路
中御門大路
大炊御門大路
二条大路
三条大路
四条大路
五条大路
六条大路
七条大路
八条大路
九条大路
宇多院
安嘉門
偉鑒門
達智門
上西門
殷富門
藻壁門
談天門
上東門
陽明門
待賢門
郁芳門
大内裏
皇嘉門
朱雀門
美福門
高陽院
冷泉院
大学寮
神泉苑
四条後院
朱雀院
淳和院
西市
東市
河原院
西寺
東寺
羅城門
西京極大路
本辻大路
道祖大路
西大宮大路
皇嘉門大路
朱雀大路
壬生大路
大宮大路
西洞院大路
東洞院大路
東京極大路

【平安京全体図】

によってである。だからよく注意してみると、それぞれの現在地に平安京の名残の何があるかがわかるのである。

いまでも、三条通や四条通は京都の中心でありビル街や繁華街としてよく知られているし、南北にのびる平安京の東限の東京極大路《ひがしきょうごくおおじ》は、現在の寺町通にあたる。弘法大師空海《くうかい》ゆかりの東寺《とうじ》は壮大な五重塔でその位置がわかるが、平安京の時代そのままの場所にある。羅城門はすでにいまはないが、その跡地とされる東寺の西方の南区唐《から》橋《はし》羅城門町の花園児童公園内に石碑が建てられている。

そうして京都は街並みの中を歩くだけでも京都の歴史に触れることができるので、それを楽しむ人たちも多い。

保存されている社寺

平安京の栄華や繁栄、炎上や破壊や荒廃、それは歴史の長さゆえのものであり、残念ながら失われた貴重な文化資源もあれば、幸いにも保存伝承されているものもある。とくに平安時代の貴族の邸宅は武家の時代の到来の中で、貴族の没落とともに消えていき、朝廷の大内裏、藤原道長の東三条殿、法成寺、白河法皇の法勝寺《ほっしょうじ》などはいまはない。

　しかし、神社をみると平安時代からある古社がいまも多く残っている。賀茂川から鴨川へという川沿いにある上賀茂神社、下鴨神社、東山《ひがしやま》の八坂神社、洛南《らくなん》の伏見稲《ふしみいな》荷《り》大社、桂川《かつらがわ》沿いの松尾大社など、洛外の古い神社はその祭祀の場所をそのままに伝えている。応仁の乱などの戦乱で被害を受けたところもあるが、かならず復興を遂げている。神社が武運を祈念する場所であり、むしろ戦勝祈願と報恩感謝の対象だったからではないかと考えられる。

　寺院も、洛外の金閣寺や大徳寺《だいとくじ》、銀閣寺、南《なん》禅寺《ぜんじ》、知恩院《ちおんいん》、清水寺など、郊外に立地する寺院は、いまも残されて信仰や観光の対象となっている。

伏見稲荷大社・千本鳥居　鳥居が連なる光景は訪れる者に異界への誘いと錯覚させる（京都市伏見区）

平安京の原点

遷都から千二百二十年以上もの長い時代にわたって、時代ごとの一時的な荒廃の中にありながらも、京都の町がいまも繁栄を続けてきているのは、世界中の都市の例と比較しても稀有《けう》なことである。古代ギリシアのアテネも、ローマ帝国のローマも、四世紀から八世紀にかけての民族大移動の中で、都市遺跡としてその一部は残しながらも、いまそこに住む人たちは古代のギリシア人の子孫でもなく、古代のローマ人の子孫でもない。

しかし、京都は古代の市街地を残しながら同じ日本人が住み続けている。あえて比べれば、パリやロンドンのようだといってもよい。

しかし、パリやロンドンが紀元前後のローマ帝国の支配下に入ったころから存続した古代都市の系譜を引いているのとは異なり、平安京は七九四年（延暦十三年）にそれまで原野の広がっていた山背国葛野郡《やましろのくにかどののぐん》の地にまったく新たに建設された計画都市である。

山背国というのはそれまで中心であった大和の藤原京《ふじわらきょう》（新益京《しんやくのみやこ》）や平城京《へいじょうきょう》から

みて北方の平城山《ならやま》の後背に当たる国という意味であった。それが新都の建設により山城国という良い字が充てられて今日に至っているのである。

怨霊から逃れるための新都

桓武《かんむ》天皇（七三七〜八〇六年）は、まだ十年ほど前に造営したばかりの長岡京《ながおかきょう》を捨てて、山背国葛野郡に造営した新京に延暦十三年（七九四）十月二十二日に入る。『日本紀略《にほんきりゃく》』によればその直後、「葛野の大宮地《おおみやどころ》は、山川も麗しく四方《よも》の国の百姓《おおみたから》の参出来《まいでく》ることも便《たより》にして……」という詔《みことのり》を発している。十一月八日には山背国を山城国と改名するとともに、参集した群臣の謳歌の中で異口同辞に唱えられた「平安京《へいあんきょう》」を新京の名としたという。

しかし、この平安京の名は、その名前とは真逆な桓武の恐怖心からきている命名であった。平城京の王宮は、東大寺大仏殿や正倉院《しょうそういん》で知られる聖武《しょうむ》天皇と光明子《こうみょうし》の栄華の時代から、弓削道鏡《ゆげのどうきょう》を寵愛《ちょうあい》した称徳《しょうとく》女帝の時代を経て、すでに血なまぐさい都となっていた。その皇位継承の争いの中で生き残ったのが、桓武であった。

称徳女帝の急死のあとに即位した光仁《こうにん》天皇は、天皇になる可能性のほとんどなかった傍流の皇族の一人であった。それが、藤原永手《ながて》や良継《よしつぐ》や百川《ももかわ》に担がれての六十二歳での異様な即位であった。皇后は聖武天皇の皇女・井上内親王《いのうえないしんのう》、皇太子は若き他戸《おさべ》皇子であった。その光仁天皇を父に、百済《くだら》系渡来氏族の高野新笠《たかののにいがさ》を母にもっていたのが、すでに三十四歳の壮年に達していた山部王《やまべ》（後の桓武）であった。

聖武系の皇后と皇太子を謀殺

光仁の即位後、まもなく藤原百川らの陰謀で井上皇后と他戸皇太子は謀反を企てたという嫌疑がかかり、幽閉先で急死する。そして、三十七歳の山部王（桓武）が皇太子となる。その後、天応《てんおう》元年（七八一）、七十二歳の老帝光仁の引退譲位により、桓武が四十五歳で即位する。光仁、桓武ともに異例の高齢での即位であった。そして皇太子は光仁と高野新笠の同腹弟の早良《さわら》親王とされた。

するとまもなく、こんどは聖武天皇の皇女・不破《ふわ》内親王とその子の氷上川継《ひかみのかわつぐ》が謀反の疑いをかけられて消されてしまう。憤死した彼らの亡霊の祟りを恐れた病悩がちの桓武は、怖ろしい平城京を捨てて、山背国乙訓《おとくに》郡の宇治《うじ》川、桂川、木津《きづ》川の三川が合わさって淀《よど》川となるあたりを南端とする土地を選び、そこに新都・長岡京の造営を進めた。その責任者に任命されたのは桓武の寵臣・藤原種継《たねつぐ》であった。

山背国は渡来系氏族の秦氏《はた》の本拠地であり藤原種継は母親がその秦氏の出身であった。桓武も百済系の母方からの血を引く渡来系の出自であった。

延暦三年（七八四）、桓武は遷都を断行する。

早良親王の謀殺

しかし、その長岡京も平和な都とはならなかった。翌年に種継が反対勢力によって暗殺されてしまったのである。

その事件に関して謀反の疑いをかけられたのは、皇太子・早良親王であった。さっそく早良親王は皇太子を廃され、乙訓寺に幽閉され淡路国《あわじ》へ配流《はいる》となったが、十日余り飲食を拒み続けたまま淡路に移送される途中、淀川の高瀬橋のほとりでこと切れたという。三十六歳であった。それでも屍は淡路へと運ばれその地に葬られた。

早良親王に替わって皇太子となったのは桓武の嫡子・安殿《あて》親王（後の平城《へいぜい》天皇）であった。事件の関係者の一人とされたのが大伴家持《おおとものやかもち》であった。

事件の起こったのは九月二十三日で、すでに家持は八月二十八日に亡くなっていたが、家持は官籍から除名されるという厳しい処分を受けた。家持の名誉回復ができたのは事件から二十年以上も経った延暦二十五年三月十七日のこと、それはちょうど桓武が没したその日であった。恩赦で従三位《じゅさんみ》に復帰することができたのである。

長岡京からの脱出

延暦四年の無実の早良親王の憤死は、長岡京のすぐ近く、乙訓寺から出て淀川を渡る高瀬橋あたりでの無念の死であった。まもなく、桓武の身辺に不幸な出来事が頻発するようになる。

延暦七年には、藤原百川の娘で桓武の夫人《ぶにん》・旅子《たびこ》が三十歳の若さで死亡、延暦九年には、良継の娘で皇后の乙牟漏《おとむろ》が同じく三十一歳の若さで死亡、その延暦九年には生母・高野新笠も死亡し、それに加えてこの延暦九年には、当時豌豆瘡《えんどうそう》と呼ばれた天然痘《とう》の大流行が猛威をふるい、その蔓延で多くの人命が失われた。

天然痘の流行は、前にも平城京で天平《てんぴょう》年間の七年（七三五年）から九年（七三七年）にかけてあった。そのときの大流行では、藤原武智麻呂《むちまろ》、房前《ふささき》、宇合《うまかい》、麻呂《まろ》の四兄弟が相次いで死亡したほどの怖ろしい病気であった。聖武天皇はその恐怖心から、東大寺の盧遮那《るしゃな》大仏の建立へと向かったのであった。

この延暦年間の天然痘の流行もそれに匹敵するほどで、桓武たちをおびえさせた。翌延暦十年には皇太子・安殿親王の病気がまた桓武を悩ませ続けた。

陰陽寮《おんみょうりょう》の卜占《ぼくせん》によれば、それらは平城京で謀殺された聖武系の皇后・井上内親王と皇太子・他戸皇子、不破内親王と氷上川継の怨恨の亡霊の祟りによるものであり、さらには長岡京で無実の疑いの中に憤死した皇太子・早良親王の亡霊の祟りによるものであるとの判断であった。

それにおびえた桓武は、延暦十九年、井上内親王を皇后に復し、早良親王を崇道《すどう》天皇と追号してその名誉を回復し、墓を山陵として鎮謝した。

延暦二十五年に桓武は七十歳の高齢で没するが、その後半生は、公的には蝦夷《えみし》の征討と平安京の造営という強大な権力の発動、私的には怨霊への恐怖と相次ぐ病悩の人生であったといってよい。

平安を願う都へ

平安京は、怨霊の祟りを恐れ、平安を願い、祈念する都であった。

酒呑童子　茨木童子などを従えて夜の平安京を荒らしまわり、人をさらったという伝承がある（月岡芳年画『和漢百物語』）

その歴史の延長線上にその後も長く権力の抗争が続くことになる。源平合戦、鎌倉幕府滅亡から南北朝の内乱、応仁の乱、幾度となく流血の歴史を繰り返してきている町である。繁栄と残虐は表裏の関係にあり、華麗で光明あふれる勝者たちの平安京の歴史には、残酷な殺戮と暗闇にうごめく敗者たちの怨恨が蓄積している。

いや、それだけではない。異文化との暗闘もあった。

平安京を舞台に伝えられる大江山《おおえやま》の酒呑童子《しゅてんどうじ》や茨木《いばらき》童子、一条戻橋《もどりばし》の鬼女、羅城門の鬼の伝説などは、単なる鬼の妖怪譚ではない。柳田國男《やなぎたくにお》が『遠野《とおの》物語』や『山の人生』で論じているように、先住民族の末裔である山の民が平地人と緊張の中に交流していた歴史を反映した物語が、それらの鬼の物語である。鬼退治の主人公・

源 頼光《みなもとのよりみつ（らいこう）》の家臣に、母親が山姥《やまうば》だという坂田金時《さかたのきんとき》がいるのもその反映である。異文化の山人や山姥を鬼と見立てた平地人たちが彼らを征圧する物語に、皮肉にも山姥の子、金太郎が加わっているのである。平安京に出没する鬼とは、誇り高き異文化の系譜をもつ異人たちであり、それは山人や山姥たちであった。それに注目した柳田の視点は、明治近代に早くもあらわれたマイノリティーの尊厳への注目であり、早い時期のマルチ・カルチュラリズム（多文化主義）の視点であった。

千年の古都、京都には人間の欲望や幸福や畏敬や恐怖などすべての歴史の蓄積がある。本書を読んで、古都京都の町のあちこちにポッカリあいている異界への穴を見つけて、異人や怨霊や鬼神たちとも仲良くなって、逆にその威力をもらってみてはどうだろうか。ふつうの見方から、それをちょっと深めてみて、平安京の光明と暗闇をみつめてみていただきたい。それこそがまぎれもなく京都の歴史の現実であり、丸ごとの京都の歴史だからである。

その明と暗を見つめたとき、京都をこよなく愛する私たちに、きっと新しい希望と勇気が湧いてくるにちがいない。

（新谷尚紀）

コラム

京都五社めぐり・中央の護り

平安神宮《へいあんじんぐう》

——左京区岡崎西天王町

古代中国では東西南北を霊獣によって表現し、東は蒼龍《そうりゅう》（青龍《せいりゅう》）、南は朱雀《すざく》、西は白《びゃっ》虎《こ》、北は玄武《げんぶ》が司り、各方位はこれら四神《しじん》によって守護されるとした。

日本でも四神の考えは受け入れられ、四神に応じた地相、すなわち東には蒼龍になぞらえられる流水、西には白虎の大道、南には朱雀の窪地、北には玄武の丘陵を有するのがすぐれた土地とされた。これを四神相応の地といい、平安京はまさにこれにあたるといわれてきた。

近年、京都では、そんな「四神相応の京《みやこ》」の魅力に触れてもらおうと、四方と中央を守護する市内五つの有名神社が手を組み、「京都五社めぐり」という新たな巡拝霊場をスタートさせた。御朱印と専用の色紙も用意されている。

まず「中央の護《まも》り」を担うのは平安神宮。その場所は平安京エリアの外側にあたるが、社殿は、平安京の中心であった大内裏《だいだいり》（平安宮）の中枢施設・朝堂院《ちょうどういん》（朝廷の重要な儀式が行われた正殿）の様式を約八分の五のサイズで復元したもので、華やかな王朝の雰囲気をいまに味わうことができる。

平安神宮が創建されたのは明治二十八年（一八九五）。明治維新で都が東京に遷ると京都は衰退をはじめていたが、そんななか、なんとか復興させようという京都市民の熱意のもと、平安遷都千百年にあわせて建てられたもので、平安京を定めた桓武《かんむ》天皇（在位七八

京都五社と四神①平安神宮

一～八〇六年）が京都の祖神として朝堂院を模した社殿に祀られた。いわば京都市民の氏《うじ》神《がみ》である。ちなみに、一般に平安遷都は七九四年とされているが、明治には一八九五年が遷都千百年目とされた。桓武天皇は延暦十五年（七九六）元旦に朝堂院の大極殿《だいごくでん》ではじめて朝賀を受けているが、これを平安京のスタートとみたからである。

その後、実質的には平安京最後の天皇として内外の未曾有《みぞう》の難局に対処した孝明《こうめい》天皇（在位一八四六～六六年、明治天皇の父）を顕彰しようという市民の声も強まり、昭和十五年（一九四〇）には孝明天皇の神霊も合祀された。

大鳥居正面にある二層の楼門は応天門《おうてんもん》を模

平安神宮　東西2つの手水所（ちょうずどころ）には蒼龍と白虎の大きな石像が置かれている。写真は蒼龍（京都市左京区）

し、境内の白砂敷の奥には大極殿を模した拝殿が建ち、その左右にはやはり朝堂院の様式にならって蒼龍楼（東）・白虎楼（西）が配されている。拝殿の奥には、桓武天皇を祀る東本殿、孝明天皇を祀る西本殿が建つ。そして、社殿を取り囲むように池泉《ちせん》回遊式庭園の広大な神苑が広がっていて、四季折々の草花をたのしむことができる。

葵祭《あおいまつり》・祇園祭《ぎおんまつり》とともに京都三大祭の一つとして知られる時代祭《じだいまつり》はこの平安神宮の例祭である。毎年十月二十二日に行われるが、これは延暦十三年の平安遷都の日にあわせたもので、平安時代から明治維新までの千年間の時代風俗を再現する華麗な行列が見物客をたのしませてくれる。

第1章

敗者の怨念を鎮める神社

史上最強の怨霊を鎮める
白峯神宮《しらみねじんぐう》

白峯神宮
上京区飛鳥井町

現在はスポーツの守護神として信仰を集める

京都御苑を北側へ出て今出川通《いまでがわどおり》を西へ十分ほども歩くと、築地塀に囲まれた白峯《しらみね》神宮の神門に着く。

白峯神宮は近年では「サッカーの神様」「スポーツの守護神」として人気があり、境内にはサッカーボールやバスケットボールがいくつも奉納されている。

これにはわけがある。

明治維新まではこの場所に、蹴鞠《けまり》の師範の家として知られた、公家《くげ》の飛鳥井《あすかい》家の別邸（飛鳥殿）が建っていたからだ。飛鳥井家は藤原氏北家花山院《かざんいん》流の庶流だが、始祖

の雅経《まさつね》（一一七〇～一二二一年）は平安貴族たちにもてはやされた遊技・蹴鞠に巧みであったため、以後、飛鳥井家は蹴鞠の宗家となり、邸には鞠の守護神である精大《せいだい》明神《みょうじん》が祀られたという。

白峯神宮　祭神の崇徳上皇は平将門・菅原道真と並ぶ「日本三大怨霊」に数えられる（京都市上京区）

そんないわれから、この神社はいつしか「球運」のご利益《りやく》で知られるようになり、球技の上達を願う少年や若者たちが参詣するようになった。二〇〇二年のサッカーワールドカップ日韓大会の前年に境内に「蹴鞠の碑」が落成するとさらに参拝する人は増え、知名度もアップして、今では広く「スポーツの守護神」として参詣者を集めている。

だが、この神社の本殿に祀られているのは、じつは精大明神ではない。

白峯神宮の主祭神は、天皇家がもっとも恐れた怨霊《おんりょう》ともいわれる、崇徳《すとく》天皇（上皇）なのである。スポーツとはおよそ縁もゆかりもない人物だ。

怨霊とは、政治的な弾圧などを受けて非業《ひごう》の死を遂げ、その後、十分な供養や鎮魂がなされなかった人物の霊魂のことで、それは復讐を果たすために人に祟ったり、社会に災害などを発生させたりすると信じられた。

そんな怨霊になったという崇徳天皇とはいったいどんな人物だったのか。そしてまた、なぜ彼がこの地に祀られることになったのか――。

崇徳天皇の悲運の生涯

第七十五代天皇に数えられる崇徳天皇は、元永《げんえい》二年（一一一九）、鳥羽《とば》天皇の第一皇子として生まれた。母は中宮《ちゅうぐう》の璋子《たまこ》である。時代は平安後期で、白河《しらかわ》法皇が院政を敷き、絶大な権勢をふるっていた。

ところで、崇徳には「出生の秘密」があった。表向きは鳥羽天皇の皇子だが、じつは鳥羽の祖父・白河法皇が璋子に生ませた子だったといわれているのだ。璋子は白河法皇の寵姫・祇園女御《ぎおんのにょうご》の養女であったが、幼いころから色好みの法皇に愛され、鳥羽天皇のもとに入内《じゅだい》する前から法皇と関係をもっていたらしい。

このことは「公然の秘密」であったようで、鳥羽天皇は崇徳（顕仁《あきひと》親王）のことを「叔父子《おじご》」と呼んでいたという話がある。名目上は子だが、実際は叔父にあたるという意味である。宮廷の性生活の実際までは知る由もないので、宮中究極の「不義」が事実であったかどうかは確定できず、俗説の類かと考えたいところだが、平安朝史を専門とする歴史学者の角田文衛氏は、当時の貴族の日記などをもとに璋子が崇徳天皇を受胎したのが白河法皇と同殿していた期間であったことを実証している（『待賢門院璋子の生涯』）。動かぬ証拠といったところだろうか。

保安《ほうあん》四年（一一二三）、崇徳はわずか五歳で、鳥羽天皇から譲位されて皇位につく。このとき鳥羽はまだ二十一歳で、とくだん病弱というわけでもなかったのに譲位したのは、崇徳の早い即位を願う白河法皇の強い意向に屈したからだった。

【天皇家系図】

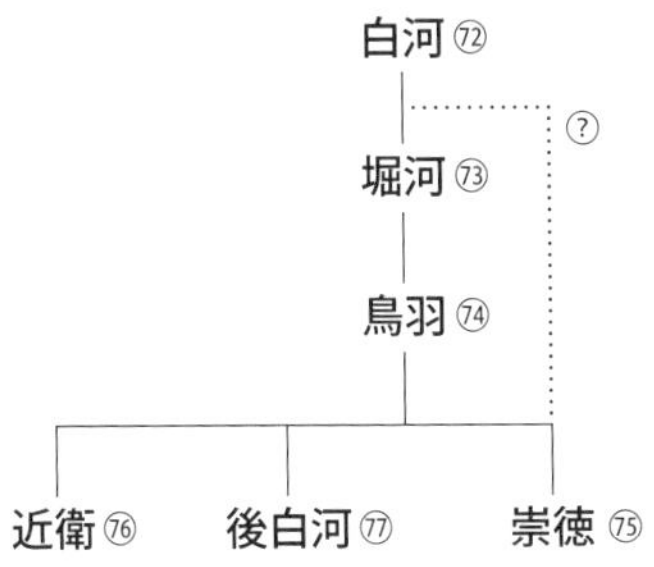

○数字は天皇代数

このように崇徳の幼少期はかぎりない光明に包まれていた。

ところが、大治《だいじ》四年（一一二九）に白河法皇が七十七歳で亡くなり、鳥羽上皇の院政がはじまると、その地位にかげりが生じ、永治《えいじ》元年（一一四一）には、鳥羽上皇の寵姫・美福門院《びふくもんいん》が生んだ近衛《このえ》天皇への譲位を余儀なくされた。崇徳のなかば強制的な退位は、鳥羽にとっては、自分の中宮と皇位を奪った祖父・白河への意趣返しであったにちがいない。

それでも崇徳上皇は自分の皇子（重仁親王《しげひと》）の即位に一縷《いちる》の望みをかけたが、近衛天皇の病没後、鳥羽天皇の第四皇子・後白河天皇の即位が断行され、後白河の皇子・守仁《もりひと》親王（二条天皇）が立太子されると、その望みも絶たれた。上皇とはいえ、鳥羽上皇がいるので、院政を執ることもできない。

いきおい、崇徳上皇は後白河天皇とはげしく反目するようになり、保元《ほうげん》元年（一一五六）に鳥羽上皇が没すると、摂関家ながら不遇であった藤原頼長《よりなが》と結んだ崇徳は、後白河天皇から皇位を奪うべく、ついに挙兵を企てた。

だが、崇徳側は後白河方の夜襲を受けて呆気なく敗れた。後白河陣営に源義朝《みなもとのよしとも》と平清盛《たいらのきよもり》という有能な武士がいたことも大きい。頼長は流れ矢に当たって亡くなり、崇徳上皇は仁和寺《にんなじ》に逃れたが捕らえられ、讃岐国《さぬきのくに》（香川県）に流された。これが保元の乱である。

そして配所で失意のうちに日々を送り、八年後の長寛《ちょうかん》二年（一一六四）、その地で没し、火葬されて白峯陵《しらみねのみささぎ》（香川県坂出市青海町）に葬られた。四十六歳であった。

都では二条天皇が在位し、その父・後白河上皇（のちに法皇）が院政を敷いていた。

三年がかりの呪いの血書経

讃岐での崇徳の幽閉生活は荒んだものだったと伝えられている。

『保元物語』によると、上皇はせめて来世では幸せになりたいと願い、『大乗経《だいじょうきょう》』五部（華厳経《けごんきょう》・大集経《だいじっきょう》・大品般若経《だいぼんはんにゃきょう》・法華経《ほけきょう》・涅槃経《ねはんぎょう》）を三年がかりで書写した。しかも、たんなる写経ではない。指先から滴らせた自らの血によって写経したというのである。

そして完成すると、「遠島に置いておくのはしのびがたい、都に奉納しよう」と思い立ち、書状でその旨を都に申し入れた。

ところが、無情なことに都からの返事は「ノー」だった。

「本人は配所に留まっているのに、写経だけ都に帰ってくるのは不吉きわまりない」

そんな理由で血染めの写経は入京を拒絶されたのだ。

返事を聞いた崇徳上皇は悲嘆にくれ、髪を剃ることもなく、爪も切らず、生きたまま天狗《てんぐ》の姿になった。あげく、「日本国の大魔縁となり、皇を取《とり》て民となし、民を皇となさん」と祈誓し、舌の先を食い切り、流れる血で写経の末尾に誓状を書き付けたのだった。

「皇を取て民となし、民を皇となさん」とは、天皇を民の身分に引きずりおろし、民をして天皇の地位につけてみせる、つまり天下を徹底的に転覆してみせるということだろう。悲運の上皇の深い怨恨がこめられた、すさまじい呪詛《じゅそ》の言葉である。

崇徳の火葬の煙は都に向かってたなびいたが、それは深い執念のあらわれかとささやかれたという。

崇徳の怨霊におびえた宮廷の人びと

『保元物語』は史書ではなく鎌倉時代に成立した軍記物語なので、史実に潤色をほどこした部分もあるが、崇徳上皇が失意のうちに晩年を送ったことは事実だろう。

だが、崇徳の没後、ただちに朝廷がその怨霊を恐れた痕跡は、確実な史料からは見出せない。

崇徳の怨霊が都の人びとに意識されたのは、安元《あんげん》二年（一一七六）ごろからとみられる。この年には後白河法皇周辺の人物や、頼長と敵対した藤原忠通《ただみち》に関連する人物が相次いで亡くなり、また、延暦寺衆徒《しゅうと》による強訴《ごうそ》や大火があり、世情が不穏に陥った。これらは怨霊化した崇徳上皇によって引き起こされたものと考えられるようになり、かつて崇徳を追い落とした後白河法皇も心に不安の種を抱えるようになった。

讃岐に流された崇徳上皇　崇徳上皇の怨霊伝説は、江戸時代には上田秋成の『雨月物語』にも記されて人口に膾炙した（歌川国芳画）

　治承《じしょう》元年（一一七七）、朝廷は当時は「讃岐院」と呼ばれていた崇徳に対し「崇徳院」の諡号《しごう》を追《つい》贈《ぞう》し、怨霊の鎮撫を試みた。

だが、それでも事態は解決しなかった。

当時の公卿・藤原経房《つねふさ》の日記『吉記《きっき》』の寿永《じゅえい》二年（一一八三）七月十六日条によると、崇徳の呪いの血書経が、彼の遺児・元性《がんしょう》法印のもとに秘蔵されていたことが判明したからだ。崇徳が五部の『大乗経』を血書し、天下を傾けんとする誓いを書き付けていたのは、事実だったわけである。

また、同じ年には木曾義仲が後白河の院御所・法住寺殿《ほうじゅうじでん》を襲撃する事件も起きているが（法住寺合戦）、京の人びとはこれを崇徳の怨霊のせいと噂したという（『愚管抄《ぐかんしょう》』）。

こうしたことを背景に、後白河は崇徳を祀る神祠《しんし》を建立して怨霊のさらなる鎮撫をはかろうとした。そして元暦《げんりゃく》元年（一一八四）、保元の乱時に崇徳の御所があり、戦場となった春日河原に神祠（崇徳院社、粟田宮《あわたのみや》）が完成し、藤原頼長も合祀された。

当初は讃岐の御陵を掘り返して遺骨を京都へ運んで改葬するという案も検討されたようだが、神祠の建立で落ち着いたらしい。ご神体としては崇徳ゆかりの仏像が提案されたようだが、最終的に何が奉安されたかは不詳である。その場所は、現在の京都市左京区にある聖護院《しょうごいん》のあたりになるという。

不思議なことに、完成した神祠への遷宮の一週間後、神殿の床下に七匹の蛇があらわれた。関係者たちのあいだでは、崇徳霊が感応したあかしとして受け止められたという（『吉記』）。

明治維新で再び恐れられた崇徳の怨霊

だが、このとき建てられた崇徳院社は、現在の白峯神宮とは直接は関係ない。

白峯神宮が歴史に登場するのは、ずっと後の明治維新さなかのことである。

崇徳上皇の死からおよそ七百年後の慶応四年（一八六八）八月下旬、前年に践祚《せんそ》したばかりの明治天皇は、崇徳が葬られている讃岐国の白峯陵に勅使を派遣した。その神霊を京都に迎え入れるためで、御陵を訪ねた勅使一行は八月二十七日、崇徳上皇の御霊代《みたましろ》として御真影《ごしんえい》（崇徳院像）と遺愛の笙《しょう》（雅楽などで使用する管楽器）を神輿《みこし》に奉じて下山した。そして九月六日には神輿は飛鳥井家別邸の跡地に新たに造営された神廟に迎えられた。これが、崇徳上皇を祀る白峯神宮（当初は白峯宮）のはじまりである。

白峯神宮創祀の二日後の九月八日には改元が行われ、明治元年となった。ちなみに、明治天皇が京都御所で即位礼を行ったのは八月二十七日である。

この時期、東日本では新政府軍と旧幕府軍が対峙する戊辰《ぼしん》戦争がいまだ継続しており、会津若松では鶴ヶ城に会津藩士が籠城して死闘が繰り広げられていた。

京都における白峯神宮の造営は悲運の天皇霊のために孝明《こうめい》天皇が企図し、それを明治天皇が引き継いで実現されたものだったが、この背景に、新政府側が抱いた、崇徳上皇の祟りへの恐れがあったことは間違いない。

天皇中心の近代国家を新たに築き上げようとしたこの一大変革期にあって、「皇を取て民となし、民を皇となさん」と誓った崇徳上皇の怨霊がふたたび目を覚まし、敵方の旧幕府勢力に味方するようなことは、断じてあってはならない。そのためには、無念のうちに亡くなった崇徳上皇の霊に帰京していただこう、そして、これからはその強烈な霊力で皇室を守ってもらおう――。

明治維新の裏で推進されていた白峯神宮の創祀からは、当時の権力者たちがいかに天皇（上皇）の怨霊を恐れていたかを伺い知ることができる。

明治六年には、藤原仲麻呂《なかまろ》の乱（七六四年）で失脚して皇位を廃され、淡路に幽閉された没した淳仁《じゅんにん》天皇の神霊も白峯神宮に合祀されている。

祇園に残る崇徳ゆかりの神社

ところで、春日河原の崇徳院社（粟田宮）は中世には応仁《おうにん》の乱によって焼失してしまったが、その跡とされる地（聖護院の森の北西、京都大学病院のあたり）にあった石仏は崇徳院地蔵と呼ばれ、庶民の信仰を集めたという。この地蔵は、現在は聖護院の塔頭《たっちゅう》・積善院準提堂《しゃくぜんいんじゅんていどう》の境内に移されて祀られている。「人喰い地蔵」というなんとも不気味な通称があるが、江戸時代に刊行された京都の地誌『山城名勝志《やましろめいしょうし》』（一七一一年刊）は、「すとくいん」が訛って「ひとくい」になったのではないかとしている。怨霊となった崇徳上皇への恐怖があったからこそ、「人喰い」という連想も生じたのだろう。

これとは別に、京都にははやくから崇徳霊を鎮撫する場所が設けられていた。鴨川東岸の祇園地区に隣接する安井金比羅宮《やすいこんぴらぐう》（安井神社、東山区下弁天町）がそれで、崇徳上皇を祭神に加えている。

社伝や『都名所図会《みやこめいしょずえ》』（一七八〇年刊）などによれば、この場所は古くは藤の名所

積善院・人喰い地蔵（左端の石仏）　かつて東山丸太町一帯は「聖護院の森」と呼ばれ、人喰い地蔵はその森の中で祀られていたが、のちに積善院に移された（京都市左京区）

として知られ、崇徳上皇は寵愛した阿波《あわ》の内侍《ないし》をここに住まわせたという。その後、崇徳は保元の乱で敗れて讃岐に流され、その地で没するが、すると、崇徳の霊が夜な夜なこの地にやって来て光を放ったという。その後、建治《けんじ》年間（一二七五〜七八年）に、大円《だいえん》という真言僧が崇徳の霊を慰めるためにこの地に堂塔を建立した。それが光明院観勝寺《こうみょういんかんしょうじ》（安井観勝寺）である。

　江戸時代には、崇徳上皇に加えて、崇徳霊と同体とされた讃岐の金比羅権現《ごんげん》が祀られたことから、庶民からは「安井の金比羅」と呼ばれて親しまれるようになり、参詣者が絶えることはなかったという。

　この寺が明治初年の神仏分離などの混乱をへて、安井金比羅宮となったわけである。

ただし、『日本歴史地名大系』などによると、祇園近辺（東山安井）にはまず崇徳院御影堂が建立され、それを護持したのが大円中興とされる光堂《ひかりどう》光明院であり、江戸時代になって東岩倉山《ひがしいわくらやま》にあった観勝寺に再興されていた蓮華光院《れんげこういん》（もとは仁和寺内に創建されたもので、安井門跡《もんぜき》とも称した）がこの地に移転してきた、とする見方もあるらしい。今では失われた寺院の名称が輻輳《ふくそう》して変遷史がどうもはっきりしないが、崇徳霊の慰撫が祇園のもうひとつの磁場を形成してきたことはたしかである。

安井金比羅宮への参道沿いの、祇園歌舞練場の裏手あたりには「崇徳天皇御廟《ごびょう》」が建っていて、案内板には「阿波内侍が崇徳没後に密かに請い受けた遺髪を埋めた塚に由来する」と書かれている。しかし、大正時代に編纂された地誌『京都坊目誌』によれば、どうやらこの廟は、観勝寺あるいは光明院によって奉祀された崇徳院御影堂の後身にあたるようだ。廟内にある土盛りは崇徳の装束を埋めたところとも、阿波内侍の墓とも伝えられているという。

「史上最強の怨霊・崇徳上皇」はじつは虚像か

現在の安井金比羅宮は「縁切り」のパワースポットとして有名で、若い男女の参詣客でつねににぎわっているが、そのなかに崇徳上皇の怨霊伝説を知っている人はどれだけいるだろうか。

京都のそこかしこに残る「崇徳スポット」は、現代を生きるわれわれにはとても想像が及ばないほどに、京の人びとが崇徳上皇の怨霊に対して恐れと怯えを抱いていたことを、そしてまたその悲運を憐れんでいたことを伝えている。

もっとも、さきに触れたように『吉記』は崇徳上皇が血書した『大乗経』五部が彼の遺児のもとに実在していたことを記してはいるが、じつはこれをよく読むと、結局は噂レベルの話にすぎなかったことがわかる。筆記者が実見したわけではなく、また『吉記』以外に崇徳自筆の『大乗経』五部の存在について語る史料はない。おそらく、崇徳自筆の『大乗経』五部は現実には存在せず、崇徳の怨霊を慰める神祠の建立をはかるために意図的にこの経の噂が流されたのだろうと考える説もある（山田雄司『怨霊とは何か』）。そもそも、讃岐配流後の崇徳上皇は、実際には、後生の菩提《ぼだい》を祈念して和歌を詠むなどして、静かな暮らしを送ったとも考えられるそうだ。

京の人びとが抱いてきた、「史上最強の怨霊・崇徳上皇」というイメージは巨大な虚像にすぎないのかもしれない。

安井金比羅宮　「縁切り神社」の通称で知られる。祭神は崇徳上皇のほかに大物主神と源頼政（京都市東山区）

崇徳天皇御廟　安井金比羅宮の北にある御廟。崇徳上皇の寵愛を受けた阿波内侍がこの場所に塚を築いたと伝わる（京都市東山区）

敗者の霊を鎮め疫病を祓う
御霊神社《ごりょうじんじゃ》

上御霊《かみごりょう》（御靈）神社
上京区上御霊竪町
下御霊《しもごりょう》神社
中京区寺町通丸太町下ル

庶民も集まった神泉苑での大イベント

平安遷都からおよそ七十年後の貞観《じょうがん》五年（八六三）五月二十日。新暦では六月なかばの梅雨入りの時期にあたるこの日、大内裏《だいだいり》の南にあった神泉苑《しんせんえん》は、大勢の人間でごった返していた。

天皇の遊覧のために造営されたこの禁苑は、東西二町（約二五〇メートル）、南北四町（約五〇〇メートル）という広大な敷地をもち、中ほどには大きな池が広がっている。

その日、大池に浮かぶ中島には大きな案《あん》（机）が置かれて、その上には六本の御幣《ごへい》

神泉苑　神泉苑の池には竜神（善女竜王）が住むとされ、天長元年（824）に西寺の守敏と東寺の空海が祈雨の法を競い、天竺の無熱池から善女竜王を勧請した空海が勝ったという（京都市中京区）

が立てられ、手前には花果があふれんばかりに供えられている。

　中島を臨む池のほとりに延べられた敷物には王公卿士がずらりと居並び、彼らの最前列には、清和《せいわ》天皇の勅使の姿もあった。

　王公たちの席の後ろには、幾重にも人垣ができて、池を囲んでいた。人垣を成していたのは、小袖《こそで》姿の庶民や大人に手を引かれた童《わらべ》たち――ふだんは禁苑に足を踏み入れることが許されない人たちだったが、この日は宣旨《せんじ》により特別に四つの門が開け放たれ、誰もが自由に出入りできるようになっていたのである。

苑内は蝟集《いしゅう》する人びとの声で騒然としていたが、やがて数名の僧侶が舟で中島に渡ると静まり返り、神妙な面持ちで合掌をはじめる人の姿もあった。

僧侶たちは案の前に座すと、恭敬《きょうけい》し、香を焚き、一斉に読経《どきょう》をはじめた。

朗々とした声が苑内にこだましたが、それが終わらぬうちに、池に臨む御殿の南庭に笙《しょう》を手にした人びとが繰り出してきた——かと思うと、雅楽《ががく》が奏でられはじめた。

彼らは朝廷の雅楽寮の伶人《れいじん》たちだった。ほどなく鮮やかに着飾った童男童女たちが登場し、池辺を舞台として軽やかな舞を演じはじめる。

いつのまに来ていたのか、そのかたわらには散楽《さんがく》師たちの姿もあって、巧みな軽業曲芸を披露していた。

苑内はいつしか歓声と喝采にあふれかえっていた——。

平安時代の感染症対策だった御霊会

以上は、史上初の「御霊会《ごりょうえ》」の記録とされる、『日本三代実録』の貞観五年五月二十日条の記述を、筆者の想像も多少まじえて、書き改めてみたものである。

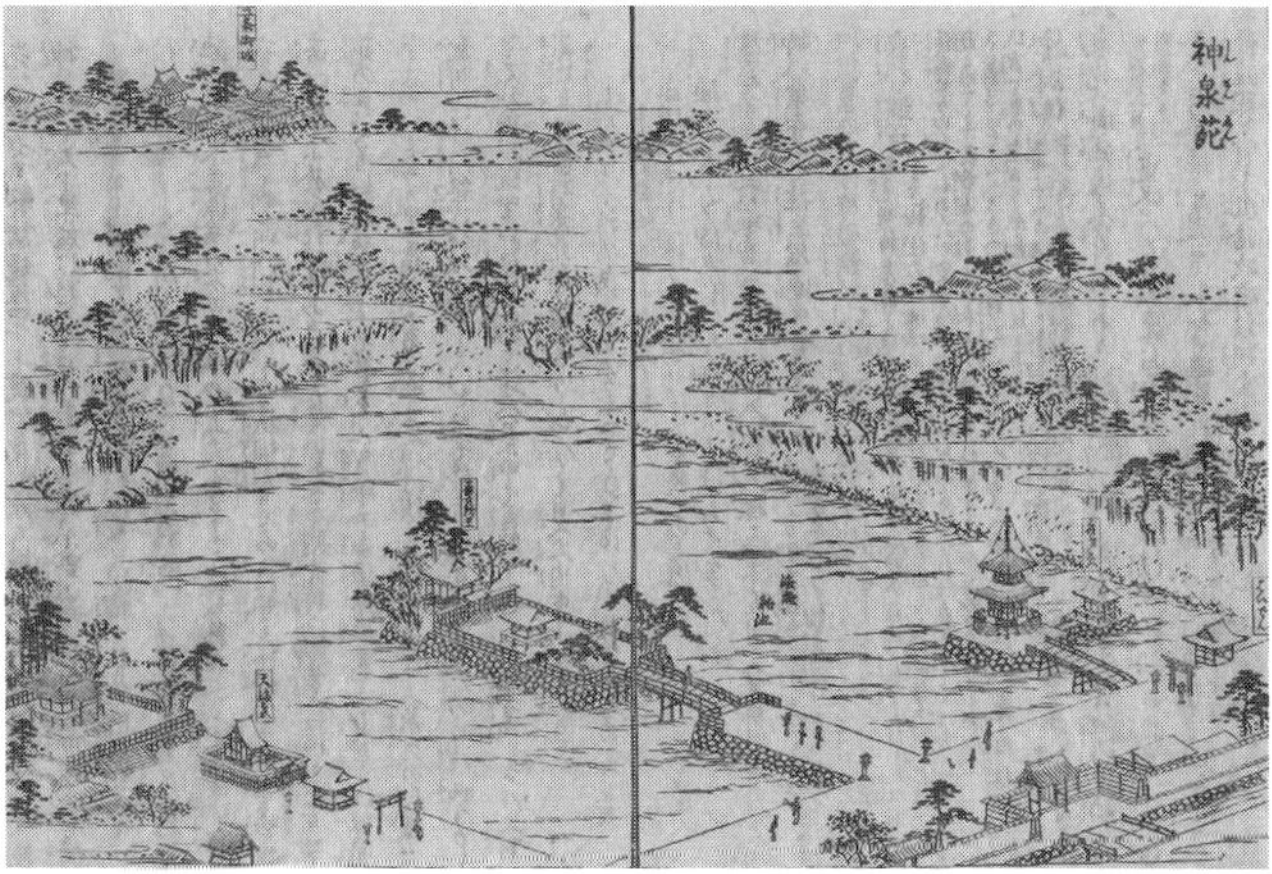

江戸時代の神泉苑　貞観11年（869）には南端に66本の鉾を立てて祇園社（八坂神社）から神輿を出し、現在の祇園祭の元になったとされる（『都名所図会』）

この日の神泉苑の催しは、なにも貴族や庶民の遊興のために行われたわけではない。

これは当時、宮廷人を悩ましていた怨霊の鎮撫と、都の住人をおびやかしていた疫病の退散のために行われた、国をあげての盛大な呪術的祭祀であった。

平安時代の京都は人口密集地となっていたが、汚水汚物の処理システムがまだよく整っていなかったので、衛生環境が悪く、京内には悪臭が漂っていたと考えられている。おまけに鴨川は大雨になるとしばしば氾濫したので、市街地に放置されていた大量の汚穢《おわい》・

排泄物が京中に拡散され、井戸水も汚染され、衛生状態がさらに悪化した。

その結果、平安時代の京都では夏季を中心に赤痢などの疫病・伝染病がしばしば蔓延し、多くの住人を苦しめ、死に追いやった。たとえば赤痢の流行は、記録によって確認できるものだけでも、八六一年・九一五年・九四七年・一〇一六年・一〇二五年・一〇二七年・一〇七七年・一一四四年の計八回に及んだ（高橋昌明『京都〈千年の都〉の歴史』）。平安朝の歴史物語『栄花物語』には「今年は赤裳瘡《あかもがさ》といふもの出で来て」（巻第二十五「みねの月」）とあることから、万寿二年（一〇二五）に麻疹《はしか》が流行したことがわかる。このときは後一条天皇や皇太子（後朱雀天皇）、皇太子妃（藤原道長の娘・嬉子《きし》）なども罹患したらしい。

繰り返される疫病の流行は、京の人びとにとっては切実な問題だった。

新型コロナウイルスのパンデミックからもわかるように、現代においても伝染病は群衆を強い恐怖に陥れ、絶え間ない不安に苛む。いまから千年以上も昔の医学的知識の乏しい時代であれば、なおのことであっただろう。

それに今では、疫病の原因が細菌やウイルスであることはわかっているので、一定のスパンをへれば医学的に適切な予防法や治療法を確立することができるが（新型コロナウイルスの場合は予断を許さない情勢だが）、平安時代はそうはいかない。

古代の人びとが何を疫病の病因として考えていたのかというと、それは政争に敗れて横死した人びとの怨霊の祟りであり、また異国・異郷から訪れる疫神《えきじん》（行疫神《ぎょうえきじん》）であった。このことは、当時においては異論の余地のない科学的常識であった。

これらの怨霊や疫神は「御霊」と尊称されたが、強力な御霊は疫病だけでなく天変地異などの自然災害ももたらすと信じられていた。

そのため、平安京では疫病がはやりだす夏になると、その蔓延を防止すべく、「病因」である御霊を慰め鎮める法会《ほうえ》や神事・祭礼が行われるようになった。それが神仏習合的な祭祀である御霊会の本質で、文献上のその初出が、貞観五年（八六三）の神泉苑でのものだったのである。

法会に加えて舞楽や散楽までもが催されたのは、非業《ひごう》の死を遂げた怨霊を丁重に慰撫し、安らぎを手向けようとしたからだろう。参列に一般庶民が許されたのは、彼らが疫病退散を心から願っていたことはもちろんだろうが、にぎやかにもてなしたほうが怨霊の慰撫に効果があると考えられたせいでもあろう。

それは、都人が総出して執り行われる神送りの儀式でもあった。

政争のいけにえとなった怨霊たち

このとき朝廷や京の人びとが恐れていた怨霊とは、具体的にはどのような霊だったのか。

『日本三代実録』によれば、神泉苑で慰撫の対象となったのは六座の霊、すなわち崇道《すどう》天皇（早良《さわら》親王）、伊予《いよ》親王、藤原夫人（吉子《きっし》）、観察使《かんさつし》（藤原仲成《なかなり》）、橘逸勢《たちばなのはやなり》、文室宮田麻呂《ふんやのみやたまろ》の御霊であった。この六名について若干解説してみよう。

崇道天皇（早良親王）：七五〇〜七八五年。光仁《こうにん》天皇の皇子で、桓武《かんむ》天皇の同母弟。桓武の即位にともなって皇太子に立てられたが、延暦《えんりゃく》四年（七八五）、桓武の寵臣・藤原種継《たねつぐ》が暗殺された事件への関与を疑われて皇太子を廃され、乙訓寺《おとくにでら》（京都府長岡京市今里）に幽閉された。早良親王はみずから飲食を断ち、淡路へ移配される途上で亡くなり、屍は淡路に送られて葬られた。その後、彼に次いで皇太子となった安殿《あて》親王（桓武天皇の皇子。のちの平城《へいぜい》天皇）の病や疫病の流行が早良親王の怨霊によるものとされたことから、その鎮撫が行われるようになり、延暦十九年には「崇道天皇」の尊号が追贈された。

伊予親王と藤原夫人（吉子）：伊予親王（？〜八〇七年）は桓武天皇の第三皇子で、母は右大臣・藤原是公《これきみ》の娘・吉子。桓武に寵愛されたが、桓武没後の異母兄・平城天皇の時代の大同《だいどう》二年（八〇七）、謀反の疑いをかけられて捕らえられ、母・吉子とともに大和国の川原寺《かわらでら》に幽閉された。親王号を剥奪された翌日の同年十一月十二日、吉子とともに毒薬を飲んで自殺した。

観察使（藤原仲成）：七六四〜八一〇年。藤原仲成は暗殺された藤原種継の子で、北陸道の観察使（諸国の治績や国司・郡司などの政治を観察した官職）などを務めた。妹の薬子《くすこ》とともに平城天皇の寵を受け、勢力を振るう。平城天皇は病のため在位三年ほどで同母弟の嵯峨《さが》天皇に譲位して平城京に居を移すが、その後、健康を回復すると、嵯峨の朝政に干渉するようになり、天皇と上皇の対立が深まった。弘仁《こうにん》元年（八一〇）、平城上皇はついに挙兵を企てたが、朝廷軍に遮られ、仲成は首謀者として捕らえられ、ただちに射殺された（薬子の変）。薬子は自殺、上皇は出家して政界から追いやられた。

橘逸勢：？〜八四二年。書家としても知られた官僚だったが、承和《じょうわ》九年（八四二）、嵯峨上皇が死の床にあったとき皇太子・恒貞《つねさだ》親王を奉じて東国に赴き乱を起こそうとしたという理由で、上皇の死後捕らえられた（承和の変）。拷問に掛けられたが罪を認めず、非人として伊豆国へ遠流となったが、その途次の遠江国《とおとうみ》で病死した。

文室宮田麻呂：九世紀中ごろの官人だが、承和十年（八四三）、謀反を企てているとの密告があって捕らえられ、伊豆へ流された。

いずれも、皇室や朝廷の有力者ながら、謀反の疑いをかけられて処断され、非命・非運の道をたどった者ばかりだが、もうひとつ彼ら六名に共通する点は、いずれも事件後に冤罪《えんざい》の可能性が指摘されていることである。つまり、皇位継承争いや貴族間の抗争に巻き込まれるようなかたちで、本人は無実であったのに、陰謀により罪を着せられ、政争のいけにえにされた人たちであった。

言い換えれば、彼らが御霊会の対象になったということ自体が、彼らが冤罪だったことの裏返しであり、政争を生き残った当時の宮廷人が「無実の罪を着せてしまった」という罪悪感を抱いていたことの証しでもあろう。これらのなかでもとくに怨霊として恐れられたのは、朝廷への強い抗議の意を示して異常な死に方をみせた早良親王であった。

御霊会の祭場となった御霊神社

この後、御霊会は神泉苑以外の平安京周縁の場所でしばしば執り行われるようになった。

その場所のひとつが、祇園《ぎおん》社つまり現在の八坂《やさか》神社で、祇園祭の源流のひとつがこの御霊会ともいわれているのは周知のとおりである。

また、たんに御霊会が行われるだけでなく、崇道天皇をはじめとする御霊が祭神として祀られるようになった神社もあった。

その代表格が、上京区の北端の、賀茂川の河原近くに鎮座する上御霊《かみごりょう》神社である（正式には「御靈神社」と書かれる）。

上御霊神社の草創は不詳の点も多いが、通説に従うと、その前身は平安遷都以前からこの場所にあった出雲寺《いずもじ》（上出雲寺）の鎮守《ちんじゅ》社であるといい、当初は上出雲（寺）御霊堂などと呼ばれていたらしい。当時は神仏混淆の時代でもあったので、出雲寺と御霊神社が一体になっていたとみることもできる。古代にはこのあたりは出雲国の出雲人の移住地で、出雲郷と呼ばれ、上下に分かれ、それぞれに出雲氏の氏寺として上出雲寺と下出雲寺があった。現在でも賀茂川の西岸には「出雲路」という地名が残っている。

平安遷都の際に大和国宇智郡《うち》（奈良県五條市とその周辺）から遷座したものとする説もある（『京都・山城寺院神社大事典』）。宇智郡には、光仁天皇皇后・井上《いのうえ》内親王の霊を弔うために桓武天皇が建てたと伝わる霊安寺《りょうあんじ》と御霊神社があったので、それを遷したのだという。

井上内親王は皇太子・他戸《おさべ》親王の母であったが、宝亀《ほうき》三年（七七二）、天皇を呪詛していたとされて廃后され、翌年、他戸親王とともに宇智郡に幽閉され、一年半後の同じ日に二人は亡くなった。毒殺もしくは自殺だろうとされている。事件は桓武天皇の皇位継承を確立するために画策された、光仁天皇の側近・藤原百川《ももかわ》らが中心となった陰謀とみられ、井上母子の没後、天災が起きたり百川が急死したりするなど変事が続いたため、母子は桓武天皇をはじめ多くの人びとに怨霊として恐れられるようになった。これは御霊信仰のはしりのようなものであった。

まとめると、上御霊神社は、京都に古くからあった出雲氏の氏寺に、原初の御霊信

上御霊（御靈）神社　平安京の周縁で御霊を祀り災厄をなくすための御霊信仰が生まれたが、上御霊神社の御霊会がその発祥のひとつとされる（京都市上京区）

仰がミックスされることで成立した、神仏習合的な霊場ということになる。御霊会を営むにはうってつけの場所だったということになろう。

また上御霊神社が御霊会の場所に選ばれたもうひとつの理由を挙げるとすれば、それは、そこが平安京の内部ではなく外側で、しかも川の近くであったことだろう。怨霊や疫神は、京内に流入する手前で押しとどめ、河川などを使って遠く外部へ追い払わなければならない。事実、平安時代に御霊会が営まれた場所は、神泉苑以外は、平安京の外縁や外側で、また河原にも近いところばかりであった。疫病によって生じる「ケガレ」を京外へ締め出そうという発想のあらわれでもあろう。

現在、上御霊神社の本殿は「八所御霊《はっしょごりょう》」を祀っているが、その八所御霊の内訳は、崇道天皇（早良親王）、井上内親王、他戸親王、藤原夫人（吉子）、橘逸勢、文室宮田麻呂、火雷神《からいしん》、吉備真備《きびのまきび》となっている。

火雷神はおそらく死後に怨霊と化し、火雷天神になったと恐れられた菅原道真《すがわらのみちざね》のことだろう。

吉備真備（六九五～七七五年）が祀られているのは、九州で反乱を起こすも敗死した藤原広嗣《ひろつぐ》（?～七四〇年）の怨霊を陰陽道《おんみょうどう》の達人であった真備が鎮めたという伝説があるので（『今昔物語集』巻第十一）、そのことと関係しているのだろう。つまり、他の七所御霊を鎮める役割を担っているのだろう。

もうひとつの御霊神社

出雲郷には下出雲寺もあり、その鎮守社が下御霊神社で、やはり御霊を祀った。下御霊神社は現在は京都御所の南に鎮座しているが、当初は「一条の北、京極の東」に所在していたという。つまり、平安京の北東辺の地で、現在の上御霊神社の南側あた

下御霊神社　かつては出雲路にあり、上御霊神社の南に鎮座。度重なる移転をへて、豊臣秀吉の時代に現在の地に遷座した（京都市中京区）

りである。現在の祭神は上御霊と同じく「八所神霊」だが、その内訳が若干違っていて、井上内親王・他戸親王がなく、その代わりに伊予親王と、先述した藤原広嗣が入っている。

ところで、最初の御霊会が、平安京外ではなく、その中心部である神泉苑で行われたのは、なぜだろうか。このことについては、「苑内の広大な池水の浄化力が怨霊や疫神を祓ってくれると考えられたからだろう」という指摘がなされている。

御霊会のルーツとなった神泉苑は、現在では往時と比べると面積は五パーセントほどに減じてしまったが、二条城の南側に現存し、東寺《とうじ》真言宗総本山の東寺が管理している。

菅原道真の怨霊が遊ぶ

北《き》野《た》天《の》満《てん》宮《まんぐう》

北野天満宮

上京区馬喰町

平安京北郊の「馬場」に祀られた道真

平安京大内裏《だいだいり》の北側一帯は平安時代には野原が広がっていて、たんに「北野」と呼ばれた。そこは貴族たちの遊猟地であり、「右近馬場《うこんのばば》」もあった。右近馬場とは、内裏の警固や行幸の警備にあたった右近衛府《うこんえふ》が管理した馬場で、騎射や競馬の行事などが行われたところである。

十世紀なかば、この北野の一角に祠《ほこら》がもうけられた。それが、平安時代の文人貴族・菅原道真《すがわらのみちざね》（菅公《かんこう》）を神として祀る全国の天神社《てんじんしゃ》・天満宮《てんまんぐう》の総本社、北野天満宮のはじまりであった。

道真の旧居はべつに北野にあったわけではない。それなのになぜ道真は、死後四十年以上もへて、この地に神として祀られることになったのだろうか。

代々学者を輩出する家に生まれ、文人・学者・政治家としての才を発揮して宇多《うだ》天皇に重用され、天皇家の外戚となって右大臣にまで昇進した菅原道真が、突然、九州の大宰府《だざいふ》に左遷されることになったのは、昌泰《しょうたい》四年（九〇一）、五十六歳の時のことである。

菅原道真像　道真は死後に怨霊と化したと考えられ、天満天神として信仰の対象となる。現在は学問の神として親しまれる（菊池容斎『前賢故実』）

左遷の理由は、道真の娘が当時在位していた醍《だい》醐《ご》天皇の弟・斉世《ときよ》親王に嫁いでいたが、低い家柄の道真がこの親王を天皇にしようと企てたためだという（『政事要略』）。

だが、これについては、じつは冤罪《えんざい》で、道真の出世栄達を妬む左大臣・藤原時平《ときひら》をはじめとする反道真派の宮廷人による陰謀ではなかったか、という見方が強い。

そして、二年後の延喜《えんぎ》三年（九〇三）、道真は望郷の念を抱きながら、左遷先の大宰府で失意のうちに生涯を閉じた。亡骸は大宰府の地に葬られている。

死後、京の人びとに怨霊として恐れられた道真

道真が没しても、都の人びとはただちに彼のことを怨霊として恐れたわけではない。朝廷側からすれば、厄介者がこの世から永遠にいなくなったということで、安堵の胸をなでおろしたことだろう。

ところが、延喜八年に道真左遷に関与した藤原菅根《すがね》が病死し、翌年には陰謀の張本人と目される左大臣・時平が三十九歳で早世した。その後も関係者の死が相次ぐ。亡くなった道真が祟りをなす怨霊として人びとに意識されるようになったのは、このころからだ。

延喜二十三年には、醍醐天皇の皇太子・保明《やすあきら》親王が二十一歳で夭折《ようせつ》。天下万民が悲泣し、世人はこれを道真の「霊魂の宿忿《しゅくふん》」すなわち怨霊のなせるわざだろうと噂

し合ったという（『日本紀略』）。保明の母が時平の妹だったので、その死は余計に道真の怨霊を人びとに意識させたのだろう。

醍醐天皇はただちに亡くなった道真を右大臣に復して正二位《しょうにい》の神階を贈り、左遷の宣命を破却して怨霊をなだめようとした。延喜から延長《えんちょう》への改元も行っている。

だが、それにもかかわらず、延長三年（九二五）には保明親王の皇子で時平の娘を母にもつ慶頼王《よしよりおう》が五歳で夭折。延長八年六月には内裏清涼殿《せいりょうでん》の柱に落雷があり、複数の死者が出た。この事件は京中を恐怖の底に陥れ、道真を怨霊視することを決定づけ、また彼が「火雷天神《からいてんじん》」として神格化されることの大きな契機となった。

もっとも大きな衝撃を受けたのは醍醐天皇で、まもなく体調を崩して病床に伏し、九月には朱雀《すざく》天皇に譲位し、その一週間後には四十六歳で亡くなってしまった。

この後には平将門《たいらのまさかど》や藤原純友《すみとも》による内乱が発生したが（九三五〜九四一年）、これらについても人びとは道真の怨霊の仕業と信じたのである。

京都の巫女と近江の少年に道真霊の託宣がくだる

このようにして道真への怨霊視が進むなか、平安京北郊の北野に道真を祀る神社をつくろうとする動きが民間からあらわれはじめた。

平安時代末期の成立とみられる『北野天神縁起』によると、天慶《てんぎょう》五年（九四二）七月十二日、右京七条に住む多治比文子《たじひのあやこ》という女性に、つぎのような道真霊の託宣がくだった。

「わたしは昔、世にあったとき、しばしば北野の右近馬場に遊んだ。都に近く、静かで眺めの良いところだった。都へ帰るのはいつになるかわからぬが、右近馬場に祠《ほこら》を構えて、立ち寄ることができるようにしてほしい」

しかし、文子は貧しかったので社殿をつくることができず、自分の住まいの近くに瑞垣《みずがき》をつくって道真を祀った。そして五年後の天暦《てんりゃく》元年（九四七）になって機が熟し、やっと北野にこれを遷し祀ることができた。

同じころ、これとは異なる託宣もくだった。

天慶九年（九四六）、近江国比良宮《おうみひらのみや》の禰宜《ねぎ》・神良種《みわのよしたね》の子の、七歳の童が急に神憑《かみがか》り、「右近馬場のそばに遷りたい。その地には松を生じさせよう」と、道真霊の託宣を発した。

そこで良種は北野へ向かい、その地にすでにあった朝日寺《あさひでら》（のちに北野天満宮の神宮寺の一つとなった）の住僧・最鎮《さいちん》などと相談していたところ、一夜のうちに数十本の松が生えてたちまち松林ができた。そこで、文子たちとも力をあわせて祠をつくるにいたり、さらに天暦元年（九四七）から応和《おうわ》元年（九六一）までの十四年間に御殿が五度建て直された。

このようにして社殿が整備されて成立したのが、北野天満宮であるという。

人間の遊楽の地を好んだ天神の特性

このような伝奇的な縁起をすべて史実とみることは難しいが、北野天満宮の創祀には文子や七歳の童のような民間のシャーマン的な人物が深く関与していたと考えられるわけで、そうだとすれば、初期の北野天満宮は、シャーマンを教祖として信者の数を増やしていった、当時における新興宗教のような一面ももちあわせていたのではないだろうか。

この時代には、前項で記したように、怨霊の慰撫を目的とした御霊会《ごりょうえ》が盛んに行われるようになっていたので、そうした時代の不穏な空気や民衆の不安も、そこには反映されていたことだろう。また僧侶が関わっていることからもわかるように、神仏

北野天満宮　北野にはもともと平安京の西北・天門の鎮めとして火雷神が祀られており、朝廷はここに天満宮を建立して道真の祟りを鎮めようとした（京都市上京区）

習合的な要素が非常に濃厚だったことも興味深い。

一方、強力な神威をもっと信じられた道真の怨霊は、密教や民間信仰などとも習合して「火雷天神」「太政《だいじょう》威《い》徳天《とくてん》」「天満《てんまん》大自在天神《だいじざいてんじん》」などと尊称されるようになっていった。これらの略称が天神であり、天満天神である。

ところで、縁起によれば右近馬場のある北野は生前の道真にとっては思い出深い地ということになっているが、現実に史実としてそうであったかどうかは定かでない。

だが、ここで留意したいのは、「馬場」という騎射や競馬などが行われる人間の遊楽の地が神の鎮座地に選ばれたことである。ふつう、神の降臨地といえば、山や巨岩あるいは川など、天然自然の場となるのが相場だが、元来は人間であった神としての道真はそのような場所を好まず、それよりも、世俗の遊興の地に祀られるならば心がいやされ、怒りの焔《ほむら》も和らぐだろうという論理なのである。「右近馬場」に北野天満宮が鎮座していること自体が、人神《ひとがみ》である怨霊の特性をよく表しているのだ。

また北野という土地は、天神信仰との親和性をもとから有していたようである。

北野では、北野天満宮が鎮座する以前の平安初期から、「天神」や「雷公」の祭祀が行われていたらしい。たとえば、承和《じょうわ》三年（八三六）には出立前の遣唐使が道中の安全を願って天神地祇《ちぎ》を祀っているし（『続日本後紀《しょくにほんこうき》』）、元慶《がんぎょう》年間（八七七～八八五年）以降には、毎年秋になると豊作を祈る「雷公（＝雷神）」の祭祀が行われたという（『西宮記《さいきゅうき》』）。北野はとくに雷が落ちやすいところだったのだろうか。

遣唐使が祀った「天神」とは天上界に住まうアマツカミの意であって、火雷天神としての道真とはイコールで結びつかないが、北野がはやくから「天神」や「雷公」を祀る地であったことは確かで、このことが天神・雷神として神格化されていた道真を鎮座させることとの呼び水になったのかもしれない。あるいは逆に、道真は、天神や雷公とゆかりの深い北野に祀られることによって、天神・雷神としての性格を強めていった可能性もある。

学問の神・詩歌の神への変容

時代をへるにしたがって、天神としての道真は怨霊としての性格が薄れ、本来の文人としての姿がクローズアップされて、学問の神・詩歌の神としての信仰が強まっていった。

結局、平安朝の人びとを深い恐怖の底に陥れた菅原道真の怨霊とは、当時の個々の人間の心のなかに巣食っていたものだったのだろう。京都市内には北野天満宮の他にも、道真を祀る天満宮・天神社がいくつも点在し、「洛陽天満宮二十五社」という巡拝霊場も形成されている。京都の人びとにとっては、怨霊神道真はまことに身近な存在なのである。

いまでは怨霊の慰撫を願って北野天満宮を詣でる人は少ないだろうが、境内の一角には、天満宮発祥地である右京七条の文子の旧宅跡に建てられた神祠を遷したものだという「文子天満宮《あやこてんまんぐう》」が末社としてひっそりと鎮まっている。

また、令和二年七月には豊臣秀頼《ひでより》が慶長十二年（一六〇七）に造営した本殿（国宝）の全面的な修復が完了し、十七世紀当初の壮麗な姿が見事によみがえった。

そして表参道は、道真の霊異によって一夜にして生じたというい われをもつ松林によって縁どられている。

菅原院天満宮神社　洛陽天満宮二十五社のひとつ。菅原清公から道真の親子3代の邸宅である菅原院があった場所とされており、道真生誕の地とも伝えられる（京都市下京区）

平将門の首級を祀る

京都《きょうと》神田《かんだ》明神《みょうじん》

京都神田明神

下京区綾小路通西洞院

東入ル新釜座町

京都にもあった知られざる神田明神

「神田明神《かんだみょうじん》」といえば、東京・神田に鎮座する神社を指すのがふつうだろう。そこは、平将門《たいらのまさかど》の首塚（将門塚）をルーツとすると伝えられる、東京屈指の有名神社である。

ところが、敷地は東京のものとは比べ物にならないものの、京都にも「神田明神」があることをご存じだろうか。

その場所は、地下鉄四条烏丸《からすま》駅から徒歩数分の下京区新釜座町《しんかまんざちょう》の狭い路地のかたわら。建ち並ぶ町屋のひとつの一階にあり、路地に面して小さな鳥居が建ち、その奥に小祠が置かれている。

なぜ、こんな街中の一角に「神田明神」があるのか。

平安時代なかば、関東で反乱を起こしたものの、朝廷側の軍によって討たれた将門の首は京に送られて市中の獄門で晒《さら》されたのだが、その晒し場が、ここだと伝えられているからだ。

いうなれば、京都神田明神は将門の最初の首塚であり、神田明神の元宮《もとみや》である。

京都神田明神　前に置かれているのは蛙の石像。将門の首はここから関東まで飛んで帰ったとの言い伝えから、「蛙＝帰る」とかけたもの（京都市下京区）

京都の市場で晒された将門の首

平安京の住人たちが菅原道真《すがわらのみちざね》の怨霊の幻影に恐れおののいていた承平《しょうへい》（九三一～九三八年）・天慶《てんぎょう》（九三八～九四七年）のころ、その不安をさらに増幅させようとするかのように、日本の東西で相次いで反乱が発生した。ひとつは瀬戸内海を舞台とした藤原純友《すみとも》の乱、もうひとつが関東の平将門の乱である。

将門は桓武平氏《かんむへいし》の祖・高望王《たかもちおう》（桓武天皇の曾孫）の孫にあたる武士で、関東の下総《しもうさ》を地盤としていたが、一族内で紛争が起こると、おじの国香《くにか》と戦ってこれを敗る。天慶二年（九三九）には常陸《ひたち》・下野《しもつけ》・上野《かみつけ》の国府を攻め落とし、「新皇《しんのう》」と称して朝廷に向かって公然と反旗を翻した――関東に独立国家を樹立することをめざしたのである。

しかし翌年二月、同じ関東の有力武士で朝廷から追捕《ついぶ》凶賊使に任命された藤原秀《ひで》郷《さと》・平貞盛《さだもり》らに攻められ、将門はあえなく敗死した。

その将門の首が京へ送られ、四月二十五日には入洛したことは、『日本紀略』（平安末期成立の歴史書）、『貞信公《ていしん》記抄』（平安中期の公卿・藤原忠平《ただひら》の日記）、『扶桑略記《ふそうりゃっき》』（平安末期成立の歴史書）所引の『将門誅害《ちゅうがい》日記』など、信頼できる史書・史料に記されているので、史実であることは間違いない。

問題はそれがどこに晒されたかだが、『中原師茂勘文《なかはらのもろしげかんもん》』には「東市《ひがしのいち》にさらされて、諸人に見せしめにされた」とある。東市は左京七条二坊にあった官設の市場で、現在でいえば西本願寺《にしほんがんじ》や龍谷《りゅうこく》大学のあるあたりである。東市は人が多く集まることから見せしめのための罪人の刑場としても利用されていたというので、将門の梟首《きょうしゅ》の場がここだったとしても不思議はない。

ただし、『貞信公記抄』には「将門の首を市司《いちのつかさ》が受け取らなかったため、外の樹に懸けられた」とある。将門の乱が報じられてからは、将門が上京するという風聞もあって朝廷は諸寺社に平定の祈禱《きとう》・祈願などを行わせていたのだが、乱が鎮圧されたとはいえ、いよいよ賊首の首級が入京するとなると京内は騒然となり、さまざまな流言が飛び交ったことだろう。東市の役人は道真に変わる新たな怨霊の誕生に恐れを抱き、不吉な首の入場をかたく拒んだのだろうか。

東京の神田明神の歴史とは

将門の死は中世以降、さまざまな怪異譚を生んだ。「梟首された首は目をつぶらず、歯噛みをして復讐を誓った」「首は胴体を求めて東国へ帰り飛んだ」……。

とくに東国では将門は神格化され、神社に祀られた。その代表格が東京の神田明神なのである。

神田明神（現在の正式名は神田神社）の歴史を社伝にもとづいて簡単に記すと、すでに奈良時代には武蔵国豊島郡芝崎《むさしとしましばさき》（東京都千代田区大手町一丁目付近）にあって、当初は神田ノ宮と称し大己貴命《おおなむちのみこと》を祀っていたという。ところが平安時代に入ると、京で晒された将門の首が飛んできて、芝崎に落ちた。住民は塚を築いて葬ったが、その後、将門の怨霊はしばしば祟りをなした。

鎌倉時代の末に時宗《じしゅう》の二祖・他阿真教《たあしんきょう》がこの地を通りかかった折にこれを供養し、神田ノ宮に合祀したところ、ようやく祟りがおさまったという。

江戸時代になると、江戸城の造成工事にともなって、駿河台《するがだい》、そして湯島台の現在地（東京都千代田区外神田）へと遷座し、江戸総鎮守《ちんじゅ》として徳川幕府から篤い崇敬を受けた。旧社地の首塚も丁重に祀られ、いまもなお大手町の高層オフィスビルのはざまにでんとかまえていることは、よく知られている通りだ。

ただし神田明神の草創については異説もある。たとえば『御府内寺社備考《ごふない》』（一八二九年成立）の「神田山日輪寺《にちりんじ》」の条によると、芝崎には往古より日輪寺という天台宗寺院があったが、将門の乱後、所縁の者によって将門の墳墓が同所に築かれた。その後、墳墓が荒廃すると、亡霊が祟りをなして村民を悩ますようになったが、嘉元《かげん》（一三〇三〜一三〇六年）のころ、東国遊行中の他阿真教が村民の求めに応じて亡霊を供養したところ、ようやく祟りが収まった。これを機に日輪寺の僧侶は真教の徒弟となり、寺は時宗に衣替えして「芝崎道場」と号するようになった。そして、将門霊は寺院境内の鎮守《ちんじゅ》に配祀され、神田一郷の産土《うぶすな》となった。これが神田明神のはじまりだという。

これによると、神田明神のルーツは寺院ということになるが、日輪寺は天正《てんしょう》十八年（一五九〇）には徳川家康による江戸城修築のため銀町《しろがね》（中央区）に移転し、さらに江戸時代に入ると浅草に移転した。現在も小規模ながら浅草で存続している。

晒し首にされた将門　『太平記』によれば、将門の首は腐らず、生きているかのように目を見開き、夜な夜な叫び続けたので、恐怖しない者はなかったという（中村定保輯録『平将門退治図会』）

神田明神の草創についても他にも伝えがあるようだが、実際に首が埋められたかどうかはともかく、芝崎に将門の墳墓や塚と伝えられる場所が古くからあったのはたしかなようで、また神田明神が将門の鎮魂を担っているとする点は諸伝に共通している。

ただしここで付言しておくと、「斬られた将門の首が笑った」という類の怪異譚は鎌倉時代にはすでに発生していたものの、「首が東国へ帰り飛んだ」「将門を神田明神に祀ると祟りがおさまった」といった説話が文献に登場するのは意外に新しく、江戸時代前期成立の『前太平記《ぜんたいへいき》』『北條五代記』ぐらいからだという（田中亜純「平将門をめぐる信仰と伝承」、『伝承文化研究』第十六号〔二〇一九年七月〕所収）。さらにいえば、現代の日本人に将門が祟る霊として強く意識されがちなことには、明治時代以降にたびたび生じた首塚にまつわる怪談的な風評がどうも大きく影響しているようだ。

いずれにしても、将門が明確に怨霊視され、その祟りが恐れられるようになるのは近世に入ってからなのであり、将門と神田明神の関わりが喧伝されるようになるのも近世以降なのである。

将門伝説を語り伝えた念仏聖

一方の京都の神田明神の歴史はよくわかっていない。

繰り返しになるが、将門の首が京で晒されたのは事実だが、新釜座町の京都神田明神のことが史料で言及されるようになるのは、江戸時代に入ってからである。

そのひとつ『拾遺都名所図会《しゅういみやこめいしょずえ》』（一七八七年刊）には「平将門社」として紹介されていて、それによると、将門の首が晒されたと伝えられるその場所は地名を「膏薬辻子《こうやくのつじ》」という。将門の首が晒されたのち、そこに家を建てると祟りがあるというので将門を神と祀って神田明神とあがめた。そのころ、念仏信仰の先駆者・空也上人《くうや》がこのあたりに寺を建て、世人はそれを「空也供養の道場」と呼んだが、のちに「空也供養」がなまって「膏薬」になった。空也は将門の亡霊を供養して石を建てその印としたが、社はその石をご神体とした。

京都神田明神のある「膏薬辻子」（現在は「膏薬図子《ずし》」という）、すなわち現在の下京区新釜座町は、実際に将門の首が晒されたとみられる東市からは一キロ以上は北側に位置しているので、『都名所図会』の説明には矛盾がある。それに、平安時代には新釜座町のあたりは貴族の邸が建つような場所だったので、そんなところに首を晒すというのはちょっと考えにくい。京都の決定版的地誌である『京都坊目誌《ぼうもく》』（一九一六年刊）もここを将門梟首の場とすることを俗説として批判している。

また先に記したように、将門が怨霊視されるようになるのは江戸時代以降であり、それまでは京都でも、将門の祟りが話題になるようなことはあまりなかったと考えられる。

だが、空也は天慶年間にはすでに平安京に入っており、念仏を勧化《かんげ》してまわっていたので（128ページ参照）、彼が市中で将門の供養を行ったことはありうることだろう。また、新釜座町に「空也供養の道場」が実在したことは確証されていないが、空也その人によるのではなくても、空也を先達《せんだつ》と仰ぐ時宗の念仏聖《ひじり》たちによって膏薬辻子に道場が設けられた可能性はあるだろう。『京都坊目誌』は、中世以来、この地の人家に将門の霊を祀る石塔があったという伝承に言及したうえで、それは寺院（「膏薬道場」）の遺蹟ではなかったか、と考証している。

念仏聖たちが語り伝えた将門伝説に――そういえば東京の神田明神を草創したのも時宗の念仏僧だった――、近世になって江戸から流入した将門の首や祟りにまつわる伝承、そして京の人びとの怨霊へのトラウマがないまぜとなって、京都の町中に将門を祀る小祠が出現することになったのではないだろうか。

ところで東京には、神田明神のほかにも、将門の首とのゆかりが深い神社がある。

東京の将門塚　三井物産本社ビルの傍らにある。平安京で晒された将門の首が東へ向けて飛び去り、落下した数ヵ所のうちのひとつとされる（東京都千代田区）

千代田区九段北にある築土《つくど》神社で、将門の首が首桶に納められて京から密かに持ち運ばれ、祀られたのが草創だと伝えられている。

その首桶は神社のご神体となった。大正年間には写真にも撮られていて、たしかに存在していたようだが、残念ながら昭和の戦災で失われてしまった。桶の中の首の行方は定かではない。

コラム

京都五社めぐり・東の護り

八《や》坂《さか》神《じん》社《じゃ》

——東山区祇園町北側

京都の東を護るのは、四条通《どおり》の東端に鎮座する八坂神社である。

八坂神社は夏の祇園祭《ぎおんまつり》で有名だが、明治維新で神仏分離令が出るまでは祇園社、感神《かんじん》院《いん》などと呼ばれ、神社でもありお寺でもあるような神仏混淆の霊場であった。八坂神社と改称されたのは、所在地の古地名を「八坂」といったからである。

主祭神は現在は素戔嗚尊《すさのおのみこと》だが、維新までは神とも仏ともつかない牛頭天王《ごずてんのう》（牛の頭を頭上に載せる不気味な姿をもつ）であり、素戔嗚尊はその垂迹《すいじゃく》（化身）とされていた。

その草創については諸説があるが、有力と思われるのは貞観《じょうがん》十八年（八七六）創祀説で、興福寺の僧・円如《えんにょ》が託宣によって現社地に観慶寺《かんけいじ》を建立し、ついで摂政《せっしょう》・関白《かんぱく》を務めた藤原基経《もとつね》が精舎《しょうじゃ》を建てたのがはじまりだという（『二十二社註式』）。

観慶寺はおもに本堂（薬師堂）、礼堂《らいどう》、天《てん》神《じん》堂から成り、当初から神仏混淆のかたちをとっていたが、その全体はのちに、感神院、祇園寺、そして祇園社などと呼ばれるようになった。その理由については、基経が神威を感じて精舎を寄進したことが、インドの須達《しゅだつ》長者が釈迦《しゃか》に祇園精舎を寄進したことになぞらえられたから、というのが一般的な解釈である。

平安時代末期ごろからは、天神堂に祀られる天神が、疫病《えきびょう》を退治する強い神威をもつと信じられた陰陽道《おんみょうどう》系の神である牛頭天王と同一視されるようになり、牛頭天王への信仰が祇園社の中心になっていった。このことはおそらく、平安京の外部にある祇園社で御霊会《ごりょうえ》（56ページ参照）がたびたび行われ、ここがはやくから疫神《えきじん》信仰の場となっていたことも関係していたのだろう。

ちなみに、おぞましい姿をした牛頭天王は本来は疫病をもたらす疫鬼《えきき》、疫神とみなされていたのだが、のちにその神格が逆転し、疫病や疫神を退治する強い威力をもった神、人びとを疫病から守る神として信仰されるようになった。

そして怨霊《おんりょう》や疫神の慰撫、疫病の退散を目的に祇園社で行われた御霊会が毎年の恒例行事と化したのが祇園祭のはじまりといわれ、

京都五社と四神②八坂神社

八坂神社　「蒼龍＝東の守護」として鴨川の東側・東山の麓に鎮座する（京都市東山区）

当初は祇園御霊会、祇園会などと呼ばれていた。祓《はらえ》と山車《だし》の巡行を中心とする祇園祭は日本の夏祭りの形式の源流になったが、それは前近代における大掛かりな感染症対策でもあったのだ。

「京都五社めぐり」では八坂神社は「蒼《そう》龍《りゅう》」にあてられているが、「祇園社の神殿の下には龍宮に通じる穴がある」という言い伝えが古くからあったらしい（『釈日本紀《しゃくにほんぎ》』巻第七）。このことから、祇園社の祭神は、この地の農民によって祀られた水神系の蛇体の神が原形ではないか、とする見方もある。

第2章

異界との境界だった神社・古寺

冥界への通路が潜む
六道珍皇寺《ろくどうちんのうじ》

六道珍皇寺
東山区大和大路通四条
下ル４丁目小松町

京都の夏の風物詩「六道まいり」

毎年八月、お盆前の時期になると、鴨川《かもがわ》の東岸、東山《ひがしやま》山麓にある六道珍皇寺《ろくどうちんのうじ》の参道と境内は大勢の参詣者でにぎわう（令和二年は新型コロナウイルスの影響で参詣ができなくなってしまったが）。

参道の花屋で高野槇《こうやまき》を買った参詣者は、本堂で水塔婆《みずとうば》（薄い木の板で作られた塔婆）に先祖の戒名を書いてもらい、「迎え鐘《がね》」をつき、石地蔵が並ぶ「賽《さい》の河原」で高野槇の葉を使って水回向《みずえこう》（水塔婆に水をかける）をする。終わったら、高野槇は各自の家に持ち帰られる。

六条河原付近の鴨川　現在の五条通（五条大橋）から正面通（正面橋）のあたりで、刑場があったことで知られる。鴨川から東には鳥辺野（とりべの）と呼ばれる平安京の墓所があった（京都市下京区・東山区）

お盆の先祖供養に向けて、先祖の霊（精霊《しょうりょう》）を迎えるために行われる風習で、回向をした槇の葉にはしばしの里帰りのために冥界からやってきた精霊が乗り移っている、と信じられている。「お盆の迎え火」のバリエーションにあたるのだろうが、六道珍皇寺のこの行事は「お精霊《しょらい》さん迎え」あるいは「六道まいり」などと呼ばれる。はじまったのは室町時代以降らしいが、現在では毎年八月七日から十日にかけて行われ、京都ならではのお盆習俗、京洛の夏の風物詩のひとつとなっている。

なぜ六道珍皇寺ではこうした風習が続いてきたのか。

それはこの寺のあるあたりが、平安時代にはあの世とこの世の境界、すなわち「六道の辻」だと考えられていたからである。六道とは、衆生《しゅじょう》が輪廻転生《りんねてんしょう》する地獄道・餓鬼《がき》道・畜生道・修羅《しゅら》道・人間《にんげん》道・天道の六つの世界のことである。

それが、寺号に「六道」が冠せられている所以《ゆえん》でもある。

平安時代前期には創建されていた

六道珍皇寺の草創については諸説があるが、ひとまず同寺の略縁起に沿って説明すると、開基は奈良・大安寺《だいあんじ》の住持を務めた慶俊《きょうしゅん》で、延暦《えんりゃく》年間（七八二～八〇六年）に開創され、古くは愛宕《おたぎ》寺とも呼ばれた。ちなみに、京都盆地の東北部分は古くは愛宕郡と呼ばれ、珍皇寺付近は愛宕郡鳥部《とりべ》郷に属した。

ただし、開創者については空海とする説、平安時代前期の公卿・小野篁《おののたかむら》（八〇二～八五二年）とする説もある。この他にも、東山の阿弥陀ヶ峰《あみだみね》（鳥辺山）山麓一帯に住んでいた鳥辺氏が建立した宝皇寺《ほうこうじ》（鳥部寺）の後身とする説、このあたりの豪族であった山代《やましろの》淡海《おうみ》らが承和《じょうわ》三年（八三六）に国家鎮護所として建立したとする説など、珍皇寺の起源に関してはさまざまにいわれているが、ともかく平安前期までには建立されていたようである。

空海説があることが示唆するように、もとは真言宗に属し、平安・鎌倉時代には東寺《とうじ》の末寺として多くの寺領や広大な伽藍《がらん》を有したが、中世には兵乱に巻き込まれて荒廃してしまった。

南北朝時代の貞治《じょうじ》三年（一三六四）、近くにある禅刹・建仁寺《けんにんじ》の住持・聞溪良聰《もんけいりょうそう》によって再興され、建仁寺の末寺となった。現在は臨済宗《りんざいしゅう》建仁寺派に属する。本尊は薬師如来坐像（平安時代）で、境内には閻魔《えんま》堂（篁堂）、地蔵堂、鐘楼などがある。

また「珍皇寺」は古くは「ちんこうじ」とも読まれた。

小野篁の冥官伝説

珍皇寺といえば、小野篁の伝説が有名である。

篁は飛鳥時代に遣隋使として活躍した小野妹子《いもこ》らを輩出した小野氏の出身で、日本一の書家とされる小野道風《とうふう》と、日本一の美女とされる小野小町の祖父にあたる。嵯峨《さが》天皇に仕えた有能な公卿だが、優れた詩人としても知られ、『古今和歌集』には六首

小野篁像　文武両道に優れ、野相公、野宰相の異名がある。『小倉百人一首』では参議篁（『前賢故実』）

がとられている。遣唐副使にも任じられたが、大使の藤原常嗣《つねつぐ》と仲違いし、嵯峨上皇の怒りに触れて隠岐に配流されるという辛酸も味わっている。「わたの原八十島《やそしま》かけて漕ぎ出《い》でぬと　人には告げよあまのつり舟」という『小倉百人一首』にとられた彼の和歌は、隠岐に流されるときに詠んだものと伝えられる。だが、しばらくして帰京を許され、最終的には参議（宰相）にまでのぼりつめている。

篁はその不羈《ふき》な性格から「野狂」とも呼ばれたが、昼間は謹厳実直な官僚として朝廷に出仕しながら、夜になると冥界《めいかい》の閻魔庁につとめていた、という奇怪な伝説の持ち主でもある。たとえば、『今昔《こんじゃく》物語集』にはつぎのような話が記されている（巻第二十）。

右大臣・藤原良相《よしみ》はかつて、若き日の篁の窮地を救ってあげたことがあったのだが、その良相が重い病のために亡くなり、冥府《めいふ》に下って閻魔王宮で裁かれることになったところ、驚いたことにそこに篁がいる。しかも篁が閻魔王に「この人は心正しい人なので、どうかお許しくださいますように」と言ってくれたおかげで、良相は冥府から戻され、生き返ることができた。

この世に帰って元気になった良相は、参内のおりに篁と会ったので、ひそかに冥府でのことを尋ねた。すると篁は笑みを浮かべながら、「どうかあのことは決して口外しませんように……」という。良相は篁がほんとうに閻魔王宮の臣であることを知り、彼をいっそう恐れた。

この話は自然と世間にもれ、篁は閻魔王宮の臣として現世と冥界のあいだを行き来する人なのだと、畏れ敬われた――。

六道珍皇寺に残る「冥途通いの井戸」

篁の冥官伝説は、『今昔物語集』だけでなく、大江匡房《おおえのまさふさ》（一〇四一～一一一一年）の談話を集めた『江談抄《ごうだんしょう》』や、鎌倉時代末に成立した仏教通史『元亨釈書《げんこうしゃくしょ》』などにも記されている。

昼はすました顔で律令政府の忠実な官僚を務めながら、夜は冥界の王に仕えて亡者の極楽・地獄行きの沙汰を差配するという姿は、不気味でもあり、かつどこかユーモラスでもあるが、官僚らしからぬ篁の詩才や不羈奔放な性格がこのような怪しげな伝説を生んだのだろうか。

すでに記したように、篁は六道珍皇寺とは縁が深く、彼を開基とする説は平安末期成立の辞書『以呂波字類抄《いろはじるいしょう》』にすでにみえていて、そこには彼の冥官伝説も言及されている。小野氏は平安遷都以前から山城国愛宕郡小野郷（京都市左京区）に土地を有していたとみられるので、その南側にあたる珍皇寺付近の土地は篁にとっても昔からなじみはあったはずであり、

六道珍皇寺　鴨川の東には、「この世」と「あの世」の境界とされた「六道の辻」と呼ばれる場所があり、六道珍皇寺はそこに建つ（京都市東山区）

彼がこの地の寺院の檀越《だんおつ》になったとしても不思議はない。

珍皇寺では、篁はこの寺の井戸から冥界に通ったと伝えられていて、本堂の背後にある庭には、彼が用いたと伝えられる「冥途通い《めいど》の井戸」というのが現存している。そして境内の閻魔堂には、篁の木像が閻魔王の像とともに並んでいるのである。

平安京の葬地だった鳥辺野

それにしても、なぜ篁は珍皇寺の井戸から冥途へ通ったのだろうか。この謎は冒頭に紹介した精霊迎えの習俗とも関係してくる。

現在では鳥辺野《とりべの》といえば清水寺の南側の野をさすが、古くはもっと広い地域をさし、鳥辺山（阿弥陀ヶ峰）山麓付近（愛宕郡鳥部郷）を中心とした、東山西麓から鴨川にかけての一帯が鳥辺野と呼ばれた。

ここは平安京の東南の郊外にあたり、平安時代には京都の人びとの代表的な葬送の地であった。それは、平安遷都のおりに桓武天皇がここを諸人の葬所に定めたことに由来するというが（『山城名勝志《やましろめいしょうし》』）、このことには平安時代の「ケガレ」観も関係していたと考えられる。

当初、平安京に暮らす庶民は、死者を家のそばに葬っていた。しかし、平安貴族たちのあいだで「ケガレ」を忌避する観念が強まると、人の死は最高度の穢《けが》れ・不浄と考えられたので、死者を京の内部から外部へ閉め出そうという意識が強まり、それが庶民にも伝播した。そのため、郊外の限定された地域が葬送地に特化されるようになり、はやくからそれに選ばれたのが鳥辺野だったのだろう。

藤原道長《みちなが》・頼通《よりみち》のような上流貴族も荼毘《だび》に付されたのは鳥辺野であったし、『源氏物語』でも、光源氏《ひかるげんじ》に愛されつつも亡くなった夕顔《ゆうがお》や葵《あおい》の上《うえ》は鳥辺野で荼毘に付されて煙となったという設定になっている。

この時期の葬法は、身分の高い階級では火葬も行われたが、庶民階級では、山野や河原に遺骸を置き、そのまま自然に任せるかもしくは軽く土をかける程度の「簡易な土葬」が主流だったとみられる。墓標や墓石はまだ用いられていなかったので、時が流れれば遺骸が置かれた場所も自然とわからなくなった。死穢《しえ》への強い忌避観も影響していたのか、当時はまだ墓参りをする習慣もなかった。京都の上層階級で墓参りが一般化するのは室町時代以降である。

余談になるが、かつての鳥辺野にあたると考えられる東山区の一角から平安時代中期〜後期の墓跡とみられるものが出土したことが、令和元年九月、民間発掘調査会社「文化財サービス」によって発表された。発掘されたのは、方形区画墓、木棺墓、供養塔（笠塔婆《かさとうば》）の断片で、貴族の墓の可能性が指摘されている。鳥辺野の墓の遺構は非常に貴重である。その場所は五条橋東四丁目で、六道珍皇寺からほぼ真東に二〇〇メートルほどのところである。また、同じ場所から弥生時代後期の方形周溝墓《しゅうこうぼ》の遺構が確認されたことは興味深い。

近年見つかった「黄泉がえりの井戸」

こうした葬送事情のもとで、鳥辺野は上層階級、庶民双方に共用される、大規模な葬地となっていたのである。

鳥辺山には亡骸を荼毘に付す煙が絶えず、その裾野一帯には、火葬がかなわなかった人びとのむくろや髑髏《どくろ》が野晒《のざら》しとなって散らばっている――平安期の珍皇寺は、そんな寂寞《せきばく》とした光景に囲まれていたのである。

門前を東西に走る松原通《まつばらどおり》は、平安京から鴨川を渡って鳥辺野へ亡骸を運ぶ際の通路にあたっていて、亡骸を納めた棺は珍皇寺でいったんとどまり、野辺送りの法要が行われた。そうして遺族たちと最後の別れをすませると、棺は墓守たちの手によって鳥辺野の葬地へと運ばれていった。

そのために、珍皇寺のあたりは異界（他界）への入り口、異界と現世の境界ととらえられるようになり、「六道の辻」とも称されるようになったわけである。

珍皇寺でお盆にあわせて精霊迎えが行われるようになったのは、鳥辺野に葬られた先祖の霊が、冥途からこの世に戻ってくるときには、行きと同じように「六道の辻」を通ると信じられたからだろう。

そして、こうした珍皇寺の異界にまつわる習俗や信仰と、謎めいた小野篁の冥官伝説とが合わさって、篁が珍皇寺の井戸から冥界を往還したという伝説が醸成されていったのではないだろうか。

ところで、珍皇寺には「篁が冥界の往還に使った井戸が、本堂裏庭の『冥途通いの井戸』のほかに、もう一つある」と伝えられていたが、平成二十三年（二〇一一）になって、境内に隣接する場所（旧境内地）からそれが見つかった。篁が冥界からの帰路の出口に使ったと伝えられるもので、「黄泉《よみ》がえりの井戸」と呼ばれている。水深一〇〇メートル以上はある深い井戸で、いまも清らかな水が湧き出る。

上からのぞき込むと、真っ直ぐな穴が地下深くまで続いていて、水面が見えない。浮かんでいるのは、ただ真っ黒な、吸い込まれてしまいそうな闇である。

江戸時代の六道珍皇寺　本堂裏には篁が冥土へ通ったと伝わる井戸があり、閻魔堂には閻魔大王像とともに小野篁像が合祀されている（『都名所図会』）

平安京の北に広がるあの世との境界

蓮台野《れんだいの》と千本閻魔堂《せんぼんえんまどう》

千本閻魔堂
（引接寺《いんじょうじ》）
上京区千本通廬山寺
上ル閻魔前町

遺骸や石塔が散乱していた化野

平安時代、平安京郊外には、前項でふれた東山《ひがしやま》西麓の鳥辺野《とりべの》につづけて、もう二つ大規模な葬地が生じた。

ひとつは西郊、嵯峨《さが》の北側（奥嵯峨）の化野《あだしの》と呼ばれる谷状の一帯である。アダシとは、はかない、むなしいの意なので、敷衍《ふえん》すれば、人の命のはかなさ、変わりやすさ、生死流転の無常のことわりという、葬地にふさわしい意がこの地名にはこめられていることになる。

化野念仏寺《あだしのねんぶつじ》の寺伝によれば、この地に遺骸が散乱するのを見かねた空海が五智山《ごちさん》

化野念仏寺　化野は東山の鳥辺野、洛北の蓮台野と並ぶ平安時代以来の葬地として知られる（京都市右京区）

如来寺を開創し、無数の石仏を刻んで供養したのだという。

そして鎌倉時代初期には法然《ほうねん》がこれを再興し、念仏道場とした。その後身とされるのが、浄土宗に属する化野念仏寺である。

境内にはおよそ八千体の石仏・石塔が肩を寄せ合うようにして並んでいて、葬地としての化野を象徴する風景となっているが、必ずしも往古からこのような光景がひろがっていたわけではない。江戸時代後期の名所案内『拾遺《しゅうい》都名所図会《みやこめいしょずえ》』（一七八七年刊）には化野念仏寺の図が載っているが、そ

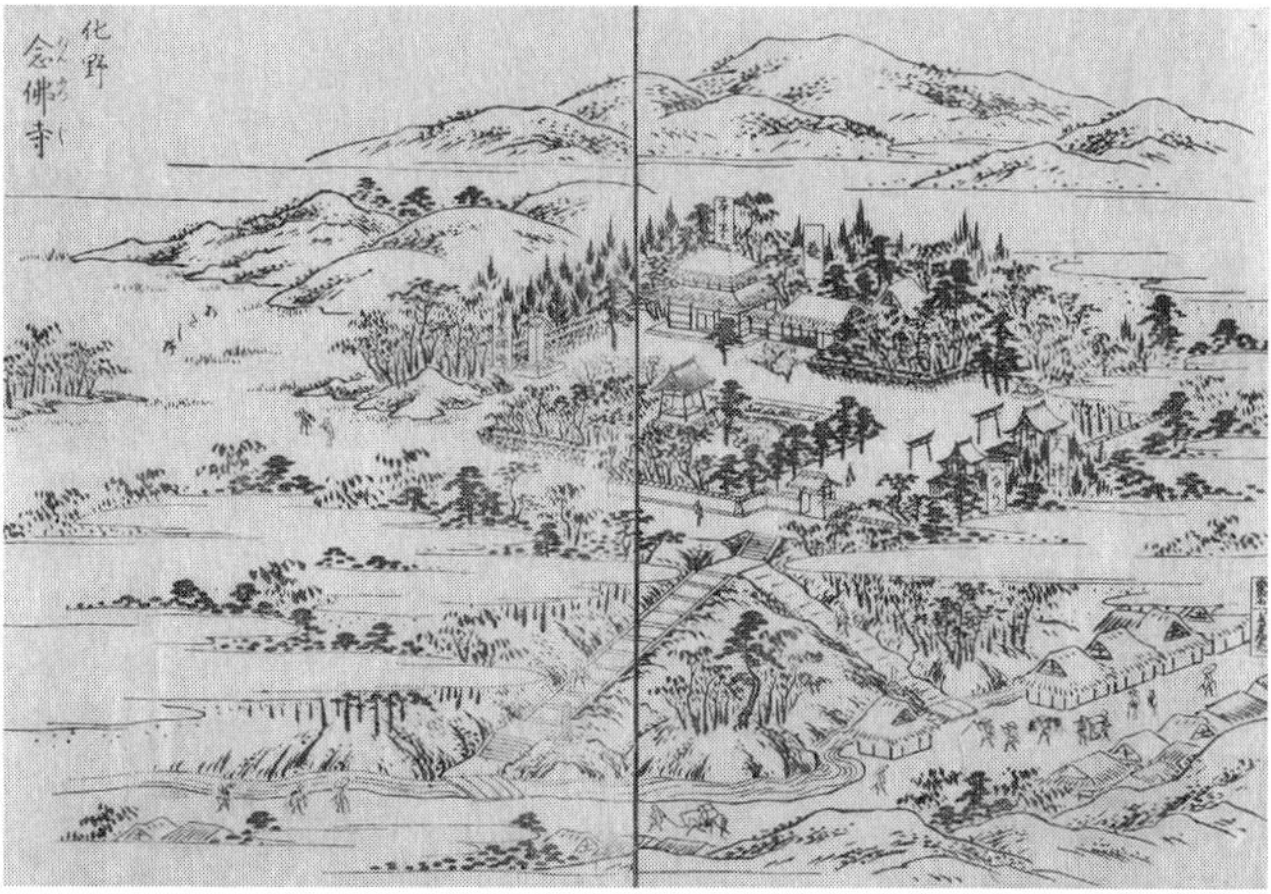

江戸時代の化野念仏寺　小石塔や石仏群はまだなく、本堂、庵、鐘楼、天神社、稲荷社のみが描かれている（『拾遺都名所図会』）

れをみると、境内に石仏・石塔が並んでいる様子はなく、墓地らしきものも見当たらない。

　現在の化野念仏寺の境内に並んでいる石仏・石塔は、じつは明治時代なかばまでは化野一帯の山野に散乱し、あるいは埋没していたものだった。だが明治の終わりごろ、宗教家で福田海《ふくでんかい》という宗教団体を設立した中山通幽《つうゆう》がそうした無縁仏を掘り出すなどして集め、阿弥陀仏の説法を聴く人びとになぞらえて整列させ、配祀したのである。人の手も借りたのだろうが、これだけ膨大な数を掘り起こし集めるには並々ならぬ労力と信仰心を要したことだろう。

これらの石仏・石塔には平安時代や鎌倉時代にさかのぼるものも少なくないという。化野一帯はいまでは多くの民家が建ち並ぶが、その地下深くにはいにしえの京の人びとの亡骸が眠っているのだ。

平安京北郊の墓地・蓮台野

もう一つの葬地は北郊の蓮台野《れんだいの》である。

詳しくいうと、大内裏《だいだいり》の真北にあたり、平安京造営の際に京域の中心線＝朱雀大路《すざくおおじ》の基準になったといわれる標高一一二メートルの小丘陵・船岡山《ふなおかやま》の西から、北区鷹《たかが》峰《みね》を源流とする紙屋川《かみやがわ》にいたるあたりまでの一帯をさす。

『山城名勝志《やましろめいしょうし》』（一七一一年刊）が引く『野守鏡《のもりかがみ》』によれば、比叡山の恵心僧都《えしんそうず》（源《げん》信《しん》、九四二〜一〇一七年）の二十五三昧会《にじゅうござんまいえ》にならって、弟子の定覚《じょうかく》上人がこの地で念仏三昧を修し、蓮華往生《れんげおうじょう》（極楽浄土の蓮華座〔蓮台〕上に生まれること）を望んでここに墓を作る人を必ず彼処へ導かんと発願したことにちなみ、「蓮台野」と名づけられ、あらゆる人の墓所となったのだという。

二十五三昧会というのは、比叡山横川首楞厳院《よかわしゅりょうごんいん》の住僧二十五名によって結成され

船岡山から臨む京都市街　船岡山は朱雀大路の真北に位置し、西麓一帯が蓮台野と呼ばれる（京都市北区）

た念仏結社で、毎月十五日の夕に集まって念仏三昧を修し、メンバー間で助け合って念仏して極楽往生をめざした。恵心はやや遅れてこれに入会したが、会の指導的立場につき、その活動はしだいに貴族や庶民にまで広がっていった。平安中期における浄土・念仏信仰の興隆を物語る出来事である。

蓮台野は今では住宅が密集しているが、古代・中世は鳥辺野、化野とならぶ京の葬地、墓地となっていたのだ。そのころは腐乱した死骸が野晒《のざら》しになっていたのかもしれない。

墓地の入り口に建てられた千本閻魔堂

蓮台野の名づけ親である定覚は、恵心のもとで三十年修行を積んだ僧侶だといい、蓮台野の入り口にある場所に建つ引接寺《いんじょうじ》を開創したのは、寺伝によれば彼だという。

引接寺は、平安京を南北に貫いたかつての朱雀大路（道幅約八四メートル）にあたる千本通《せんぼんどおり》の通り沿いにあり、また巨大な閻魔《えんま》王像を祀ることから、通称を千本閻魔堂という。「千本通」という呼び名の由来については、「桜の木が千本あったから」という説もあるそうだが、『都名所図会』（一七八〇年刊）にはこんな由来も書かれている。

吉野の金峯山《きんぷせん》で修行を積んだ僧・日蔵《にちぞう》は、あるとき夢のなかで冥土《めいど》をめぐっていると、苦しんでいる醍醐《だいご》天皇に出会った。天皇は日蔵をみると、こう嘆願した。

「私は娑婆《しゃば》での業因《ごういん》が深く、いま浅ましい苦しみを受けている。娑婆に帰ったら、どうか私のために千本の卒塔婆《そとば》を建てて供養してほしい」

菅原道真《すがわらのみちざね》を冤罪で左遷した醍醐天皇は、死後、その報いにより地獄に堕ちていたのだった。

夢から覚めた日蔵は、このことを朝廷に奏聞《そうもん》し、船岡山に千本の卒塔婆を建て、千本閻魔堂を造立し、醍醐天皇の供養をしたという。

この挿話では、千本閻魔堂の開山は定覚ではなく、彼よりも前の世代の、十世紀に実在した日蔵ということになっているが、とにかくこれによれば、「千本」の由来は船岡山に建てられた千本の卒塔婆ということになる。それは、葬送地にはふさわしい光景であっただろう。

千本閻魔堂　一帯の蓮台野は古くから葬送地になっており、お盆やお精霊迎えの根本霊場として知られていた（京都市上京区）

そして京から蓮台野に向かう千本通は、棺が運ばれる野辺送りの道だったのかもしれない。蓮台野に葬送する際には、人びとは引接寺の送り鐘《がね》を撞《つ》いたという。本堂の裏手には数多の石地蔵が安置されているが、これらの多くは千本通から掘り起こされたものだと聞く。

また引接寺では、この寺のルーツは小野《おのの》篁《たかむら》が死者供養のために朱雀大路の北端に安置した閻魔王像にさかのぼるとも伝えられている。ちなみに現在、安置されている閻魔王像は室町時代の長享《ちょうきょう》二年（一四八八）に造立されたもので、高さは二・四メートルある。

小野篁といえば、六道珍皇寺の項でも触れたように、平安前期の人で、昼は朝廷に勤めながら夜は冥界を往還して閻魔王に仕えたという伝説で知られる人物だ。

蓮台野の入り口に建つ引接寺もまた、六道珍皇寺と同じようにかつては「あの世とこの世の境界」ととらえられ、そのために冥官伝説のある篁とも結びつけられるようになったのではないだろうか。

お盆の時期には、六道珍皇寺に倣うかのように、引接寺でも「お精霊《しょらい》迎え」が行われている。

住宅街に残る天皇の火葬塚

蓮台野は高貴な身分の人びとの火葬地としても知られた。

藤原氏による摂関政治の全盛期に在位し、紫式部や清少納言といった才女を輩出した王朝文化の生みの親となった一条天皇は、寛弘《かんこう》八年（一〇一一）六月十三日、病のために三条天皇に譲位し、十九日には出家したが、三日後の二十二日に亡くなった。まだ三十二歳であった。

一条天皇の葬送は藤原道長の日記『御堂関白記《みどうかんぱくき》』などの当時の貴族の日記に記録されているが、それによると死からおよそ二週間後に「石陰《いわかげ》」という地で荼毘《だび》に付されている。そこは左大文字山（大北山）の東麓で、蓮台野の北西端にあたる場所（北区衣笠鏡石町《かがみいしちょう》）である。

ただし、遺骨は石陰に埋葬されたわけではなく、いったん円成寺《えんじょうじ》（左京区鹿ヶ谷《ししがたに》にあった寺）に移されて安置され、最終的には父・円融《えんゆう》天皇の御陵の近くの円融寺北陵（右京区龍安寺朱山《りょうあんじしゅうやま》）に埋納されている。

一条の次の三条天皇も石陰で荼毘に付されている。

その場所は、現在宮内庁の管理化に置かれ、「一条天皇・三条天皇火葬塚」として丁寧に残されている。

そこは閑静な住宅街の一角で、児童公園の裏手に広がるささやかな木叢《こむら》の中にある。よく注意していなければ素通りしてしまうが、平安時代にはこのあたりは一面、野原だったのだろう。

また蓮台野のメルクマールでもある船岡山は刑場の地でもあって、保元《ほうげん》の乱（一一五六）で敗れた崇徳《すとく》天皇側の源為義《みなもとのためよし》らは船岡山で斬首されたという。

一条天皇・三条天皇火葬塚　三条天皇は若い頃から眼病に苦しみ、最後は疫病で亡くなった（京都市北区）

吉田兼好《けんこう》の随筆『徒然草《つれづれぐさ》』（一三三〇年頃）にはこう綴られている。

「都の中に多き人、死なざる日はあるべからず。一日に一人・二人のみならんや。鳥部野・舟岡、さらぬ野山にも、送る数多かる日はあれど、送らぬ日はなし」

多くの人間が密集して暮らす大都市は、郊外に「死者の都市《ネクロポリス》」をつくることを必然としたのである。

極楽浄土のテーマパーク

宇《う》治《じ》と平《びょう》等《どう》院《いん》

平等院
宇治市宇治蓮華

京に入る街道の辻に置かれた地蔵像

この項では平安京から南へ目を向けてみたい。

京と奈良を結ぶ奈良街道に沿って南下すると、伏見《ふしみ》をへて六地蔵《ろくじぞう》（京都市伏見区桃山町）にいたる。

六地蔵は山科川《やましながわ》下流域で、近江への道と大和への道が分岐する交通の要衝だが、その地名は、平安時代この地に六体の地蔵尊が安置されて一宇が建立されたことにちなむという。同地にある大善寺《だいぜんじ》はこれを起源とするとされ、地蔵堂には平安時代作とされる木造地蔵立像が安置されている。

この六地蔵の作者を、すでに本書に度々登場した平安前期の公卿・小野篁《おののたかむら》とする伝承もある。冥界《めいかい》に往還できた篁は地蔵菩薩が地獄で苦しむ人々を救う姿を目の当たりにして発心《ほっしん》し、六道《ろくどう》（地獄道・餓鬼《がき》道・畜生道・修羅《しゅら》道・人間《にんげん》道・天道）の衆生《しゅじょう》を済《さい》度《ど》するために一本の木から六体の地蔵菩薩像を刻んだ。そのうちの五体は、その後、平清盛《たいらのきよもり》の命により京の近郊五カ所に分置されたという。

地蔵尊が安置されたのは、伏見の六地蔵も含めて、いずれも京への入り口にあたる場所、京に入る街道の辻である（伏見六地蔵の大善寺、出雲路の上善寺、山科四宮《しのみや》の徳林庵、上鳥羽の浄禅寺、桂の地蔵堂、常盤《ときわ》の源光寺）。

六つの街道口が六道の辻、異界との境界に見立てられ、そこに旅人の守護神的な役割も担って地蔵尊が置かれたのではないだろうか。「お地蔵さまは六道をめぐってあらゆる衆生の危難を救ってくれる」という広く民衆に受け入れられた地蔵信仰や、「お地蔵さまは六道の衆生の救済のために六種の形をとって現れる」という六地蔵信仰もそこには作用していただろう。

これら六カ所の地蔵は、毎年八月の地蔵盆の季節になると、六地蔵巡りの参詣者でにぎわう。

藤原氏専用の墓所だった木幡

六地蔵から山科川を渡ってさらに南へ進むと、木幡《こはた》に着く。

木幡は平安時代には藤原氏の墓所と定められ、藤原氏専用の共同墓地となっていた。もっとも、藤原氏専用とはいえ、被葬者は藤原氏のなかでも高位に昇った人や入内《じゅだい》した娘に限られていた。

ところが、その木幡の墓地は、藤原道長（九六六〜一〇二七年）が子供のころにはすっかり荒れ果てていて、詣でる人の姿もなく、「石の卒塔婆《そとば》」が一本立っていただけだったという（『栄花物語』）。この一本の石卒塔婆は、墓標というよりは、墓地全体に対する供養塔として建てられたものだったのだろう。

寂莫とした光景に胸を痛めた道長は、寛弘《かんこう》二年（一〇〇五）、氏長者《うじのちょうじゃ》となっていた四十歳のとき、木幡の墓地に法華三昧堂《ほっけざんまいどう》を建立した。これはのちに浄妙寺《じょうみょうじ》となり、藤原一門の菩提《ぼだい》寺へと発展している。

浄妙寺は最盛期には三昧堂・祠堂・鐘楼・客殿・僧房・多宝塔などを擁する大伽藍《だいがらん》となっていたが、保元《ほうげん》の乱（一一五六年）以後、藤原氏の五摂家《ごせっけ》分立にともなって各摂家がそれぞれ別個の菩提所《ぼだいしょ》を設けるようになると衰退し、中世の戦乱期には兵火によって焼失してしまった。

木幡は現在は宅地化が進んでいるが、一帯には藤原氏関係のものと推定される大小の墳墓が点在し、「宇治陵」と総称されている。「陵」とあるのは藤原氏出自の皇后なども被葬されているためである。誰がどこに被葬されているかは必ずしも明らかではなく、道長も木幡に埋骨されたことはわかっているが、墓は特定できていない。

浄妙寺の跡地は木幡小学校付近と考えられていて、平成二十五年（二〇一三）に行われた発掘調査では西門の礎石とみられるものが発見され、小学校に隣接する保育園の敷地に展示されている。

浄妙寺跡　鎌倉時代以降、木幡が藤原氏の墓所として用いられなくなるとともに寺は衰退。室町時代の寛正3年（1462）、徳政一揆で寺は放火され焼失したとされる（宇治市木幡）

平安遷都以前から発展していた宇治

木幡を過ぎ、さらに奈良街道を南進する

と至り着くのが、宇治《うじ》である。

　宇治は流れの速い宇治川のほとりに位置する。北側は平野になっているが、かつてはそこに、琵琶湖を水源として近江から流れる宇治川と、大和からの木津川《きづがわ》、山城からの桂川が合流する巨椋池《おぐらのいけ》の豊かな湖面が広がっていた。巨椋池は干拓が進められて昭和十六年（一九四一）には完全に姿を消したが、宇治の風土が川と湖沼に恵まれ、育まれたものであることは知っておくべきだろう。

宇治上神社　本殿は平安時代後期の造営で、現存する神社建築としては日本最古とされる（宇治市宇治山田）

　宇治は京都の観光地としては現在では「おまけ」のような扱いを受けているが、歴史は平安京よりも古い。『山城国風土記《ふどき》』逸文《いつぶん》によれば、応神《おうじん》天皇の皇子・菟道稚郎子《うじのわきいらつこ》（宇遅能和紀郎子、宇治若郎子）が桐原日桁宮《きりはらのひげたのみや》という離宮を営んだことから、その名にちなんでウジと呼ばれるようになったという。応神天皇は実在したとすれば五世紀前半頃に在位したと考えられる天皇だが、『古事記』によれば、応神は大和から近江への行幸の途次、宇治・木幡の里を拠点としていた古代豪族和珥《わに》氏の娘・宮主矢河枝《みやぬしやがわえ》比売《ひめ》を見初めた。そして生まれたのが菟道稚郎子だという。

宇治川に架かる宇治橋の東方には菟道稚郎子を祭神とする宇治上《うじがみ》神社、宇治神社が鎮座しているが、両者は明治維新以前は一体であり、宇治離宮明神（八幡宮）と呼ばれ、菟道稚郎子の離宮跡と伝えられていた。また、日本最古の石碑とされる「宇治橋断碑《だんぴ》」（現在は宇治橋畔の放生院《ほうじょういん》境内にある）によれば、宇治橋は大化《たいか》二年（六四六）に架けられたという。

宇治はすでに平安遷都以前に、離宮の営まれた地として、大和から近江へあるいは山城への要路の要衝として、発展していたのである。

平安貴族たちの別荘地となった宇治

平安時代に入ると、宇治橋の両岸には貴族たちの別業《べつごう》（別邸）がつぎつぎに営まれた。なかでも藤原氏関係のものが多く、宇治は藤原摂関家の別荘地のようになった。美しい屏風のような典雅な山なみの裾野を宇治川が水しぶきをあげて流れ、その先には広々とした巨椋池がある。山川の豊かな宇治の風土が、京南郊の景勝の地として尊ばれたのである。

宇治の別業としてとくに有名なのは、宇治川西岸にあった源融《みなもとのとおる》（嵯峨《さが》天皇の皇子、八二二～八九五年）の宇治院で、陽成《ようぜい》天皇もここを訪れたという。源融の宇治院はその後、六条左大臣・源重信《しげのぶ》の未亡人をへて藤原道長の手に渡って遊宴の地となり、最終的には道長の嫡子・頼通《よりみち》（九九二～一〇七四年）に譲られる。

そして頼通はこれを寺とした。こうして創建されたのが平等院《びょうどういん》である。

頼通が法華三昧《ほっけざんまい》を修するための仏殿として平等院を創建したのは永承《えいしょう》七年（一〇五二）のことだが、翌年に落成したのが阿弥陀堂《あみだどう》で、定朝《じょうちょう》作の丈六《じょうろく》の阿弥陀如来像が安置された。阿弥陀堂が、仏像を安置する中堂とその左右に付された翼廊の外観から鳳凰堂《ほうおうどう》と呼ばれるようになったのは、江戸時代に入ってからのことである。

その後、頼通やその子・師実《もろざね》らによって、境内に法華堂・経蔵《きょうぞう》（宝蔵）・五大堂など、さまざまな堂舎が建立されていった。

摂関家のシンボルとなった平等院と「宇治の宝蔵」

平等院は、阿弥陀如来の仏国土である西方《さいほう》極楽浄土の景観を表したものといわれる。康平《こうへい》四年（一〇六二）に頼通の娘・寛子《かんし》によって建てられた多宝塔の供養願文（『扶《ふ》桑略記《そうりゃっき》』所引）では、平等院のある宇治川の西岸は「彼岸」に位置づけられ、「阿弥陀如来の像を造って極楽世界の儀を移した」とも記されている。阿宇池《あじいけ》に浮かぶ阿弥陀堂は、けっして羽を拡げた鳳凰をイメージしたものではなく、極楽世界の宝池《ほうち》に浮かぶ、阿弥陀如来のおわす楼殿《ろうでん》がモデルなのだ。

阿弥陀堂が東面して建てられているのも、そこが、此岸である宇治川の対岸（東岸）に対して、西方浄土に見立てられたからだろう。

つまり、阿弥陀堂を詣でた者は、極楽の宝池に化生《けしょう》して阿弥陀如来を礼拝するという「極楽往生《おうじょう》」を現世において疑似的に体験することができたわけである。今風にいえば、テーマパークといったところだろうか。

阿弥陀堂に次いで注目されるのは、その南西にあったと推定される「宇治の宝蔵」とも称される巨大な経蔵である。それはただの蔵ではなく、経典のほかに空海が唐から将来したという愛染明王《あいぜんみょうおう》像、「元興寺《がんごうじ》」と名づけられた琵琶《びわ》の名器など、天下の名宝が納められ、藤原摂関家の権勢の象徴として重んじられた。そして、摂関に任じられて氏長者となった人物がこの経蔵の宝物を検分することがならいとなったのである。

さらに中世になると、宇治の宝蔵には、京都を襲った鬼神・酒呑童子《しゅてんどうじ》の首だとか『源氏物語』の幻の巻である「雲隠《くもがくれ》」などといった実在しない宝物、すなわち「見たいけれど、決して見ることができない宝物」までもが収蔵されていると信じられるようになる。鎌倉時代末期の天台僧・光宗《こうそう》による『渓嵐拾葉集《けいらんしゅうようしゅう》』によれば、宝蔵は死後、龍神となって宇治川に住まう藤原頼通によって守られているのだという。

「現世の浄土」とみなされた平等院

平等院の創建については、見落とすことのできない重要な時代背景がある。

当時の日本では、創建された永承七年という年は、末法《まっぽう》の第一年として認識されていた。末法とは、仏の教えだけは残るが、修行も悟りもなくなるという暗黒の時代で、仏滅から二千年後にはじまり、それが一万年続くとされていた。末法がいつから始まるかについてはいくつかの説があったが、平安時代の日本では、仏滅を紀元前九四九年とする唐の『破邪論』などを根拠に永承七年とする認識が一般化していたのである。

この年、都では疫病《えきびょう》が流行し、東北では前九年《ぜんくねん》の役《えき》（一〇五一〜一〇六二年）が繰り広げられ、末法の到来を象徴するような世相が現出していた。

変動の時代の不安にさらされるなかで、貴族たちは宇治川を渡ってしばし夢の世界にひたり、心の渇《かつ》を癒したのだろうか。宇治は都の喧騒からはかけ離れた「現世の浄土」ともいうべき別世界、異世界であった。

だが、平等院は十二世紀の終わりにははやくも衰退がはじまり、中世には兵火も浴びた。創建当初の建物としては阿弥陀堂（鳳凰堂）ぐらいしか現存していない。近年の発掘調査によれば、阿弥陀堂は十二世紀前半に改築された可能性もあるという（西山良平ほか編『恒久の都　平安京』）。

「宇治の宝蔵」に納められていた数々の宝物も散逸し、目録が残るのみである。

江戸時代の平等院鳳凰堂　平成26年（2014）の改修では、より創建時の姿に近づいたとされる（『都名所図会』）

武士の拠点にもなった西方浄土へのゲート

六《ろく》波《は》羅《ら》蜜《みつ》寺《じ》

六波羅蜜寺
東山区五条通大和大路上ル

しゃれこうべが散乱していた六波羅

京都の代表的な葬地である鳥辺野《とりべの》への入り口に所在する六道珍皇寺《ろくどうちんのうじ》の門前が、あの世とこの世の境界として意識され、「六道の辻」と呼ばれたというのは先に記した通りである。

その「六道の辻」の南側の一帯、つまり松原通《まつばらどおり》から七条通にかけての鴨川《かもがわ》東岸は、「六波羅《ろくはら》」とも呼ばれた。

六波羅とは、布施《ふせ》・持戒《じかい》・忍辱《にんにく》・精進《しょうじん》・禅定《ぜんじょう》・智慧という修行僧が実践すべき仏教の六つの徳目「六波羅蜜《ろくはらみつ》」をさしていると解することもできるが、一説に、「髑髏《どくろ》が原」が訛《なま》ってロクハラ（六原）となり、それにさらに仏教語としての六波羅の字があてられたのだという。この地は鳥辺野に続く葬送の地であったので、しゃれこうべが一面に散乱していたのだろうか。付近には「轆轤《ろくろ》町」という町名が残っているが、ロクロもドクロが訛ったものだという話も聞かれる。

その六波羅の轆轤町にあるのが、日本の念仏信仰の先駆けとなった空也《くうや》（九〇三〜九七二年）が建てた名刹、六波羅蜜寺である。

六波羅蜜寺付近の「六道の辻」　六道珍皇寺を出て、松原通を少し下った四つ角に石碑が立つ（京都市東山区）

京都の民衆に布教した念仏聖・空也

空也は醍醐《だいご》天皇の第五子とも、仁《にん》明《みょう》天皇の皇子・常康《つねやす》親王の子ともいわれるが、真偽は不明で、出生地もよくわかっていない。

空也没後まもなく書かれたとみられる空也の伝記『空也上人誄《るい》』などによれば、彼は若年のころから諸国をめぐって優婆塞《うばそく》（在家の仏教信者）として修行を積み、各地で道を拓き、水路を開き、また荒野に捨てられた遺骸を集めて火葬し、阿弥陀仏《あみだぶつ》の名を称えて供養したという。

二十歳を過ぎて尾張（愛知県）の国分寺で出家して沙弥《しゃみ》（見習い僧）となり、「空也」の名を称しはじめた。

さらに諸国を行脚《あんぎゃ》して修行や布教を続けたのち、天慶《てんぎょう》元年（九三八）、三十六歳のときに京都に入り、市中をめぐりながら民衆のあいだに念仏を勧めてまわった。彼の口はつねに「南無阿弥陀仏」の名号を称えていたという。そのため、空也は阿弥陀聖《ひじり》、市聖《いちのひじり》などとも称された。

そのころ東国では平将門《たいらのまさかど》の乱、西国では藤原純友《すみとも》の乱が起こり、都では疫病の流行、火災・水害などが頻発していて、広く社会が擾乱と不安にさいなまれていた。そのため、「南無阿弥陀仏」と一たび称えれば極楽往生が叶えられると説く空也の教えは、民衆には福音としてまたたくまに浸透していった。

鴨川の河原で盛大な供養会を催す

空也はその後も既成の教団に属することなく、民間仏教者として念仏布教を続けていったが、天暦《てんりゃく》二年（九四八）、四十六歳のとき、比叡山に登り、延暦寺で得度受戒《とくどじゅかい》して正式な僧侶となった。これを機に空也の活動にはふたつの変化があらわれるようになった。

ひとつは、庶民のみならず貴族たちからも積極的な帰依《きえ》を受けるようになったことである。

もうひとつは、活動の拠点を平安京内から京外の鴨川東岸、つまり六波羅の地に移していったことである。

天暦五年に貴族から庶民まで幅広い人びとに勧進して寄付を募り、一丈《じょう》の十一面観音像をはじめとする仏像を造立したのは、そうした変化のあらわれのひとつであった。

空也がみずから仏像を作ったのは、この年は京で疫病が流行して多くの人が亡くなり、それを憐れんだためとも伝えられている（『元亨釈書《げんこうしゃくしょ》』）。

また、前年の天暦四年からは『大般若経《だいはんにゃぎょう》』六百巻を金泥《きんでい》の文字で書写して供養するという大事業をはじめている。それは十二年後の応和《おうわ》三年（九六三）八月に完成し、空也は鴨川の河原に仮設した仏殿に六百人の高僧を集め、盛大な供養会《くようえ》を催した。

この法要には朝廷からも布施があり、左大臣・藤原実頼《さねより》以下、多くの人びとが結縁《けちえん》した（『日本紀略』）。

空也が鴨川東岸の六波羅に六波羅蜜寺のルーツとなる寺（道場）を開創したのはこのころのことである。当初は西光寺《さいこうじ》と称し、本尊として安置されたのが例の空也自刻の十一面観音像であった。ちなみに、「西光寺」という寺号をもつ寺は全国に散在するが、おそらくこの寺号は本来、春秋の彼岸に真西に沈む太陽をよく拝することができる寺につけられたもので、つまり西方極楽浄土をリアルに念じることのできる寺ということだろう。

冒頭にも記したように、当時の六波羅は髑髏が散乱しているような荒野であったといわれる。そのなかには先年の疫病で命を落とした人のものも多くあったことだろう。空也はそれらを集めては燃やし、念仏を唱えて供養を行っていたことだろう。西光寺とは、そのような死者供養と極楽往生への祈りのために建立されたものではなかったか。

西光寺は空也没後、弟子の中信《ちゅうしん》によって六波羅蜜寺と改められて天台宗となり、多くの堂舎が建立され、念仏鎮魂の寺、観音霊場の寺として京の人びとの信仰を集め

六波羅蜜寺　本堂は南北朝時代に再建。葬地であった鳥辺野の入口にあたる。付近には冥界との境目にあるとされる六道珍皇寺や、「六道の辻地蔵尊」とも呼ばれる西福寺（さいふくじ）がある（京都市東山区）

た。「六波羅蜜寺」という寺号が、地名のロクハラにちなむのか、それとも仏教語の六波羅蜜にちなむのかは不明である。おそらく、両方をかけたのではないだろうか。

平安後期から中世までたびたび罹災したが、その度に復興されたのは貴賤の帰依が篤かった証しだろう。

空也作と伝わる本尊の十一面観音像は今も本堂内陣に安置されているが、秘仏のためふだんは拝観できず、十二年に一度、辰年に御開帳となる（現在は真言宗に属している）。

平家の本拠地となった六波羅

六波羅といえば、平家の本拠地「六波羅邸」があったことでも知られる。

平家が六波羅の一角に土地を持ったのは空也が没してから百年以上たった十二世紀のはじめごろのことで、平正盛《たいらのまさもり》（清盛《きよもり》の祖父）はそこに常光院《じょうこういん》という仏堂を建てた。その子・忠盛《ただもり》は、仏堂を取り囲むかたちで一町四方（約一二〇メートル四方）の邸宅を造った。これが六波羅邸の本邸・泉殿《いずみどの》の原形である。

忠盛の子が清盛（一一一八〜八一年）だが、清盛の時代には敷地は二〇余町にまで拡大し、一族郎党の居宅が数千も建ち並んだという（『平家物語』）。この数字には誇張もあると思われるが、平安末期には六波羅蜜寺は平家の居館に取り囲まれるかっこうになっていたのである。

新興の平家が六波羅に土地をもったのは、葬地の鳥辺野の近くで住む人が少なく、手に入れやすかったせいもあろう。強大な権力を握った清盛はさらにそこを一門の一大根拠地、軍事集落、そして政治の中心地としたわけだが、普通の感覚なら不吉な場所として忌み嫌うところなのに、それを意に介さなかったのは、武家らしい豪胆な感覚、旧弊にとらわれない清盛の開明的な性格ゆえだったのだろうか。

地勢的にみると、六波羅は京都と奈良・宇治方面を結ぶ幹線道路である大和大路《やまとおおじ》の京都側の入り口にあたり、山科方面への間道も通っている。そして東は東山という天然の城壁に囲まれ、西には水運路であると同時に侵攻を防ぐ巨大な堀の役割も果たす鴨川が流れている。六波羅の地は交通の要衝であり、かつ堅固な要害でもあり、武家政権の本拠地とするには打ってつけの場所であったのだ。

にもかかわらず、清盛が亡くなると平家は呆気なく滅んでしまったわけだが、平家滅亡後は六波羅は源頼朝《みなもとのよりとも》の手に渡り、頼朝もまたここに居館を構えた。承久《じょうきゅう》の乱（一二二一年）の後には鎌倉幕府の出先機関として六波羅探題《たんだい》が設置され、鎌倉幕府が亡びるまで六波羅は幕府の京都における拠点として機能した。

つまり、平安末期からのおよそ百五十年は、ネクロポリスをルーツとする洛外の一角が朝廷ににらみをきかして都を支配するという、奇妙な状況が続いたのである。

六波羅で浄土へ往生した空也

六波羅発展の機縁をつくった空也は、天禄《てんろく》三年（九七二）にみずからがつくった西

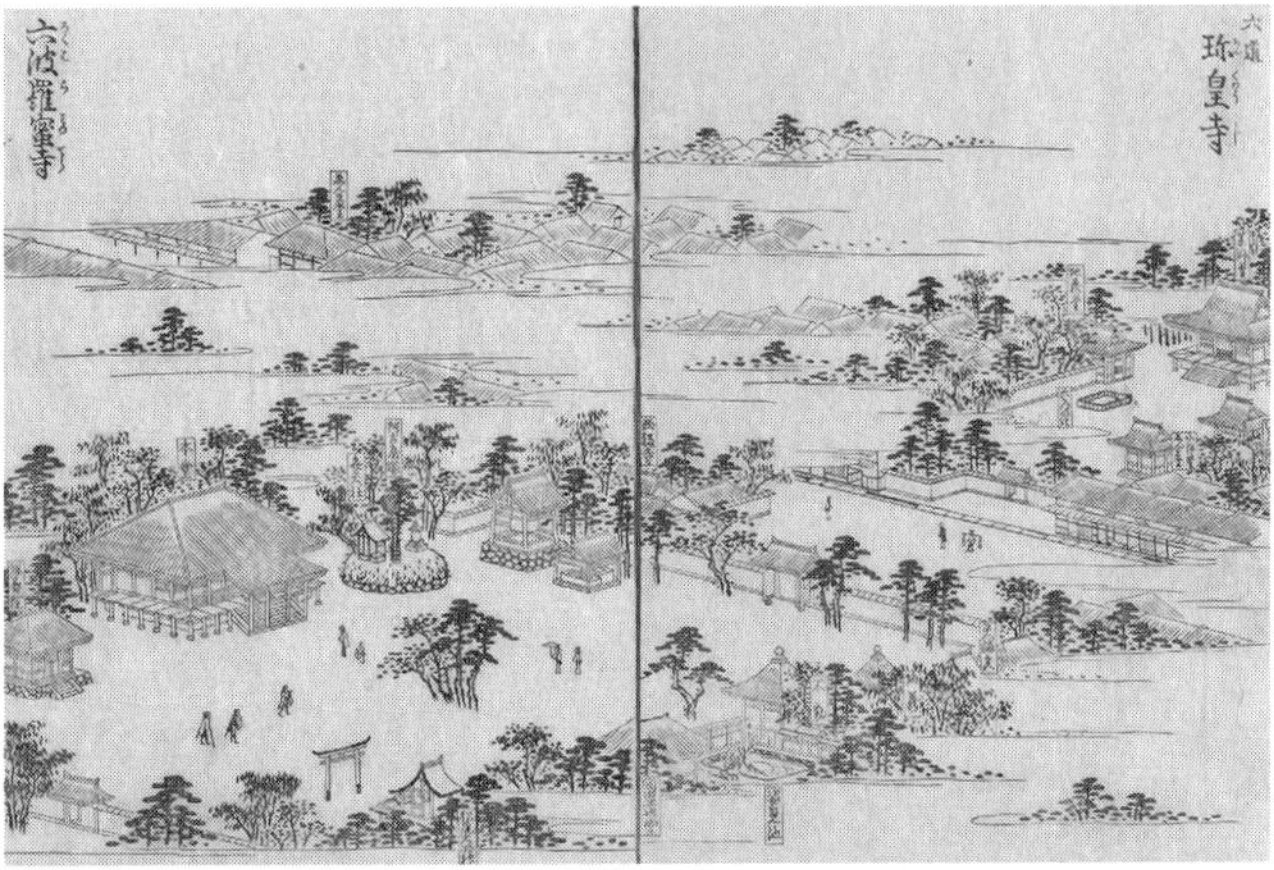

江戸時代の六波羅蜜寺　松原通沿いに六波羅蜜寺（左）の塀が続き、六道珍皇寺（右）の前に門がある。江戸時代には２つの寺の門が向かい合っていたことがわかる（『都名所図会』）

光寺（六波羅蜜寺）で七十年の生涯を閉じている。

　その最期の様子は、平安中期の文人貴族で、空也の弟子であったともいわれる慶滋保胤《よししげのやすたね》によって編まれた往生《おうじょう》者の列伝『日本往生極楽記』に、およそ次のように記されている。

「空也上人は遷化《せんげ》の日、浄衣を着て、香炉をささげ、西方に向かって端座し、門弟たちに『大勢の仏様・菩薩様たちが極楽へ迎えに来てくれた』と語った。上人は息が絶えても香炉をささげたままであった。このとき、天に音楽が聞こえ、香気が部屋に満ちた。ああ、上人は因縁が尽きて、極楽にお帰りになったのだ」

空也の死からおよそ百年後、貴族たちは京南郊の宇治まで出かけて西方浄土を夢想したのだったが、念仏聖の空也は、京人の葬地・鳥辺野へのゲートである六波羅から西方浄土へと旅立ったのだった。

空也の墓の所在は不詳となっているが、その遺骨はきっと六波羅の地に埋められたにちがいない。

六波羅蜜寺には、鎌倉時代に運慶《うんけい》の四男・康勝《こうしょう》の手によって彫られた、空也のリアルな立像が今に伝えられている。口からは六体の小さな仏像が飛び出ているが、これは「つねに念仏を称えながら遊行する空也の口からは阿弥陀が現れ出た」という伝承にもとづいている。空也の肉体そのものが浄土と化していたのである。

コラム

京都五社めぐり・西の護り

松尾大社《まつのおたいしゃ》

——西京区嵐山宮町

八坂神社とは正反対に、四条通《どおり》の西の果てに鎮座しているのが、松尾大社である。

京都の繁華街からは外れた桂川《かつらがわ》の西岸にあるが、その歴史は平安遷都以前にさかのぼり、京都最古の神社のひとつにあげられる。

松尾大社は大山咋神《おおやまくいのかみ》と市杵島姫命《いちきしまひめのみこと》を主祭神とする。大山咋神は、『古事記』に「葛《かど》野《の》の松尾に坐して、鳴鏑《なりかぶら》（鏑矢）を用《も》つ神ぞ」と言及されている、山の神である。ちなみに、「葛野」とは古くは葛野川と呼ばれた桂川の流域一帯（現在の京都市西部）の古地名である。九州の宗像《むなかた》大社の三女神の一柱・市杵島姫命が祀られている理由ははっきりわかっていないが、一説に、氾濫を繰り返す葛野川の治水の神、水難除けの神として、海上交通の守護神・市杵島姫命が勧請《かんじょう》されたのではないかという。

原生林の生い茂る松尾山を神奈備《かむなび》とする松尾大社の境内に神殿が造営されたのは大宝《たいほう》元年（七〇一）だが、それ以前から地元の住民によって祭祀が行われていたと考えられており、松尾山の頂上近くにある磐座《いわくら》がこの神社の源流ではないかといわれている。

また、松尾大社は渡来系氏族・秦《はた》氏との結びつきが強い。葛野は応神《おうじん》天皇の時代（五世紀頃）に朝鮮半島からやってきたという秦氏

京都五社と四神③松尾大社

が早くから移住して開拓し、本拠としたところとしても知られるが、そのなかで彼らは松尾の神を氏神として尊崇したのである。そのため、大社の神職は秦氏系の一族が務めている。

平安京大内裏については、「その敷地は飛鳥時代に秦氏のリーダーだった秦河勝《はたのかわかつ》の邸跡で、紫宸殿《ししんでん》前の橘《たちばな》の木は河勝邸にあったものを植えた」とする伝承が村上天皇（在位九四六〜九六七年）の日記『天暦御記《てんりゃくぎょき》』に記されている。八世紀末の平安京造営に際しては、葛野を地盤としていた秦氏が朝廷に対して経済的支援を行った、という見方も有力だ。

平安遷都後は、松尾大社は賀茂《かも》神社（上賀茂神社・下鴨神社）とならんで王城鎮護の社として国家的な崇敬を受けるようになり、「東の厳神《げんしん》（賀茂神社）、西の猛霊《もうれい》（松尾大社）」と称された。

清少納言《せいしょうなごん》は『枕草子《まくらのそうし》』のなかで「神は、

松尾大社　本殿背後にある松尾山には、山頂近くに「磐座」として信仰される巨岩があり、山の神として崇められてきた（京都市西京区）

松の尾、八幡《やはた》」、つまり「神といえば松尾神か八幡神（石清水八幡宮《いわしみずはちまんぐう》）だろう」と記していて、松尾大社が平安人に篤く崇敬されていたことがよくわかる。

松尾大社は「酒造の神」としての信仰も篤い。秦氏が酒造の技術に長けていたからともいわれるが、社務所の奥にある神泉「亀の井」は、酒造家によって酒の元水として造り水に混ぜて用いられているという。

松尾山山頂の磐座の近くには松尾山の水源を祀る「水元《みずもと》さん」があり、清涼な水が涸《か》れることなく湧き出ているが、「亀の井」の水源もこれであるという。

第3章

京都に生きた人びとの墳墓としての神社・古寺

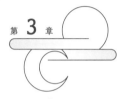

漂流を続けた親鸞の墓
本《ほん》願《がん》寺《じ》

西本願寺《にしほんがんじ》
下京区堀川通花屋町下ル
東本願寺《ひがしほんかんじ》
下京区烏丸通七条上ル

親鸞の墓をルーツとする本願寺

京都駅の北側には、親鸞《しんらん》を宗祖とする浄土真宗《じょうどしんしゅう》の本拠である二つの巨刹《きょさつ》、西本願寺《にしほんがんじ》（浄土真宗本願寺派、通称・西本願寺派の本山）と東本願寺《ひがしほんがんじ》（真宗大谷《おおたに》派、通称・東本願寺派の本山）が並び建っていて、京都のランドマークとなっている。

その場所は平安京でいえば東市《ひがしのいち》付近にあたるが、もちろん本願寺は平安時代にはまだ存在していない。東西に分裂する以前はひとつだった本願寺は京都につくられた親鸞の墓を起源としているといわれ、親鸞の活動は鎌倉時代にさかのぼる。だが、その時代においても現在の場所を寺地としていたわけではもちろんなかった。

本願寺が現在地に出現したのは十六世紀末の天正《てんしょう》十九年（一五九一）になる。それ以前の本願寺は、大坂石山《いしやま》（石山本願寺。堅固な城塞だったが、織田信長との石山合戦で退去を余儀なくされた。跡地に建っているのが大阪城）や紀州鷺森《さぎのもり》（和歌山市鷺ノ森）、泉州貝塚《かいづか》（大阪府貝塚市）、大坂天満《てんま》（大阪市北区東天満）など、およそ百年にわたって場所を転々としていたが、豊臣秀吉から京都七条堀川の地の寄進を受けて、改めて現在地に建立されたのである。いまから四百年ほど前のことで、京都の長い歴史からすれば、さして昔のことではない。

徳川家康の時代に入ると、本願寺は東西に分裂する。

本願寺十二世の教如《きょうにょ》は、秀吉の意向で文禄《ぶんろく》二年（一五九三）に宗主の地

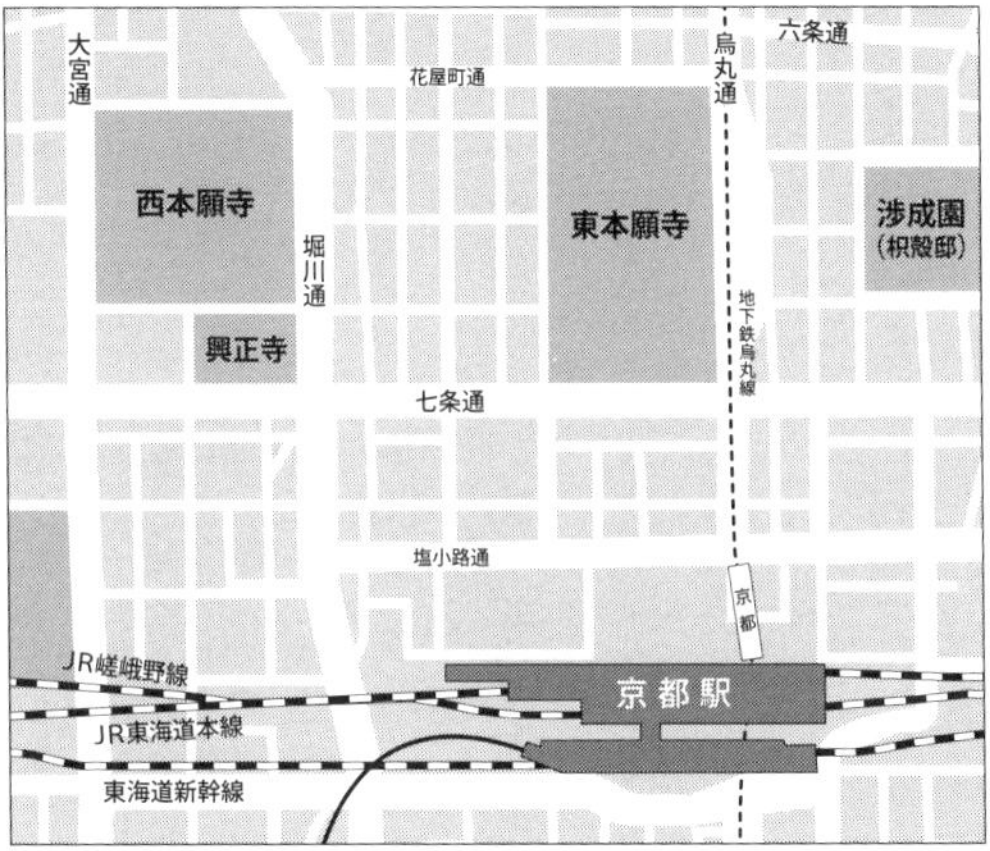

2つの本願寺　京都駅近くに巨大な伽藍を構える東本願寺と西本願寺。地元では「お東」「お西」と並び称される存在だ（京都市下京区）

位を弟・准如《じゅんにょ》に譲っていったん退隠していたが、徳川家康の帰依《きえ》を受けたことから、慶長《けいちょう》七年（一六〇二）、家康から七条烏丸《からすま》に寺地を与えられ、一寺を建立した。これが東本願寺のはじまりである。

これによって本願寺と門徒は二分されることになり、先に建てられていた堀川の本願寺は西本願寺と呼ばれることになったのだ。

二つある親鸞の墓、大谷本廟と大谷祖廟

すでに記したように本願寺は親鸞の墓をルーツとしているのだが、現在の東西本願寺の本寺境内には親鸞の墓はなく、それぞれ鴨川を渡った洛東の別個の場所で親鸞の遺骨を祀っている。

いささかややこしい説明になるが、西本願寺に対応する親鸞の墓は大谷本廟《ほんびょう》といい、東山区五条橋東、清水寺《きよみずでら》の南西方面にある。東本願寺側の親鸞の墓は大谷祖廟《そびょう》といい、東山区円山町、八坂神社の東側にある。似たような名称なので、前者を西大谷、後者を東大谷と呼んで区別することもある。

もっとも、この二つの廟所はともに江戸時代以降に築かれたもので、古くからそこ

大谷本廟　東山の中腹辺りに大谷本廟があり、西大谷墓地が隣接する（京都市東山区）

にあったわけではない。

では、親鸞の墓は最初はどこにあったのか。まずは親鸞の生涯にさかのぼってその変遷をたどってみたい。

浄土真宗の開祖・親鸞は承安《じょうあん》三年（一一七三）に京都の中級貴族・日野家（藤原氏の支族）に生まれ、九歳で出家して比叡山に上った。だが既成仏教（天台宗）のあり方に深く幻滅して二十九歳のときに山を下り、専修《せんじゅ》念仏《ねんぶつ》（極楽浄土に往生《おうじょう》するために、ひたすら阿弥陀仏の名を称えることに専念すること）の教えを貴賤に説いていた法然《ほうねん》の弟子となる。

ところが承元《じょうげん》元年（一二〇七）、南都興福《こうふく》寺《じ》の告発によって専修念仏が弾圧され、法然一門が流罪や処刑に処されると、連座して越後に流されてしまった。四年後に流罪を解かれると関東を中心に布教に努め、六十三歳ごろになってようやく京都に戻った（流罪赦免後にいったん帰洛していたとする説もある）。

そして弘長《こうちょう》二年（一二六二）十一月二十八日、弟の尋有《じんう》、末娘の覚信尼《かくしんに》らに看取られて、善法院《ぜんぽういん》（善法坊）にて九十歳で入寂《にゅうじゃく》した。善法院は尋有の住房だったところで、その場所については、中京区虎石町《とらいしちょう》の御池《おいけ》中学校（旧柳池《りゅうち》中学校）付近に比定する説が有力視されている。

臨終の様は、「頭を北に顔を西に向け、右脇を下にして臥して、念仏の息とともに遷化《せんげ》した」（『親鸞聖人正明伝《しょうみょうでん》』）というものであったという。

最初は念仏布教の故地「大谷」に築かれた親鸞の墓

死の翌日、親鸞の遺体は鴨川を渡り、東山《ひがしやま》西麓の鳥辺野《とりべの》の南にある延仁寺《えんにんじ》へ運ばれ、荼毘《だび》に付された（『親鸞聖人伝絵《でんね》』ほか）。

第2章でも記したように、鳥辺野は京都古来の葬地である。延仁寺は藤原氏の墓寺であったともいうが（湛然「鳥戸山鳥部野延仁寺旧地考」）、中世には廃絶してしまったため、親鸞の火葬場も所在不明となった。しかし、幕末期に阿弥陀《あみだ》ヶ峰《みね》の南西麓の地（東山区今熊野）と考証され、明治十六年（一八八三）には真宗大谷派が同地を取得して親鸞荼毘所とし、そのそばに延仁寺を再建している。

大谷祖廟　東本願寺の飛び地であり、親鸞の墳墓は「御廟」と呼ばれる。東大谷墓地が隣接する（京都市東山区）

火葬の翌日、遺骨は鳥辺野の北の「大谷」と呼ばれる地にもうけられた墓に納められた。専修寺《せんじゅじ》蔵『親鸞聖人伝絵』（十三世紀）に描かれたものをみると、その墓は一基の高い石塔の周囲に木柵をめぐらした、非常に簡素なものである。

本来、京都の大谷とは、『京都坊目誌』（一九一六年刊）によれば「林下町《りんかちょう》知恩院《ちおんいん》の地より、円山町真葛《まくず》ヶ原及雙林寺《はらおよびそうりんじ》の地に至る古来よりの汎称」であり、現在の地名でいうと知恩院境内地・円山公園・東大谷（大谷祖廟）一帯の広い範囲を指す。このエリアのなかのどこが親鸞の最初の墓所となったかははっきりしておらず、また大谷が親鸞の墓所に選ばれた理由も定かではない。

だが、大谷は親鸞の師・法然が草庵を結んで念仏布教の拠点とした地であり、法然が往生した地であり、法然の墓所であり、さらには法然を開山とする浄土宗総本山知恩院（正式名は華頂山《かちょうざん》知恩教院大谷寺《おおたにでら》という）が建立された地でもあった。

親鸞死没時の知恩院はまださほど大きな規模をもたなかったと思われるが、大谷が親鸞にとっては敬慕の地であったということはいえるだろう。

本願寺の前身となった大谷廟堂

入寂十年後の文永九年（一二七二）、覚信尼らによって親鸞の墓はやや西へ場所を移され、大谷のなかの吉水《よしみず》と呼ばれる地の北辺に改葬された。吉水は法然が三十年あまり住んだ「吉水の御房」があった場所であり、若き日の親鸞がはじめて法然の謦咳《けいがい》に触れた思い出深い場所でもあった。

改葬された墓には草堂が建てられ、親鸞の影像が安置された。「大谷廟堂《びょうどう》」と称されるものだが、この仏閣が本願寺のルーツである。その場所はいまの知恩院山内の崇《すう》泰院《たいいん》の裏庭にあたるといわれ、現在では「元大谷《もとおおたに》」と呼ばれている。

そこはもともと覚信尼の夫・小野宮禅念《おののみやぜんねん》の私有地だったが、覚信尼は禅念の死後にその土地を寄進し、墓所は真宗門徒の共有となり、その代わり、彼女は廟堂を管理する「留守職《るすしき》」の任についた。留守職は覚信尼の子孫が世襲してゆくことになるが、これが本願寺門主（法主《ほっす》）の前身である。

その後、廟堂の管理権や留守職をめぐって親鸞一族や有力門徒のあいだでいさかいが生じ、遺骨が一時東国に持ち去られるという騒動もあったが、親鸞の曾孫（覚信尼の孫）にあたる覚如《かくにょ》（一二七〇～一三五一年）が最終的に事態を収拾して留守職三代目に就き、親鸞を初祖とする教団の確立に努めた。そして当時、大谷廟堂は比叡山延暦寺の末寺という立場にあったが、これを一宗の本寺とすることにも努め、やがて「本願寺」という寺号を掲げるようになった。「本願」とは、「阿弥陀仏を信じて念仏を称えるものはすべて浄土に迎えとる」という阿弥陀仏の誓願のことである。

親鸞本人は墓の造営を望んでいなかった

その後、本願寺（大谷本願寺）の寺勢はいったん低迷するが、本願寺第八代法主・

蓮如《れんにょ》（一四一五～九九年）の時代に至って盛り返し、門徒を急激に増やしていった。

するとに寛正《かんしょう》六年（一四六五）、これに脅威を感じた比叡山の衆徒が本願寺を襲撃し、堂舎は破壊された。これを機に蓮如と門徒たちは大谷を去り、弾圧をさけて本願寺の寺基は法主・門徒とともに山科《やましな》（京都市山科区）、大坂、紀州、泉州などを転遷することになる。本願寺教団は一向一揆《いっこういっき》を行う武装集団でもあり、幕府や戦国大名にとってはきわめて厄介な存在だったのである。

一方、本願寺が去ったのちも、大谷（元大谷）では細々と親鸞の墳墓が守られていたらしいが、不明な点も多い。

冒頭に記したように、天正十九年（一五九一）にようやく本願寺は故地・京都に戻ってきたが、その場所は大谷ではなく七条堀川であった。そこは、秀吉によって建立されていた高さ六丈三尺（約一九メートル）の大仏を安置する方広寺《ほうこうじ》からみて、鴨川をはさんでちょうど真西にあたる場所である。

徳川家康の意向で七条烏丸に東本願寺が創建された慶長七年（一六〇二）の翌年、親鸞の廟所は家康の命で大谷（元大谷）から東山五条坂へ移転することになり、今度は移転地が「大谷」と呼ばれるようになった。これが西本願寺派の大谷本廟（西大谷）のはじまりである。移転の理由は、浄土宗を宗旨とする家康が知恩院の拡張をはかったためであった。

寛文《かんぶん》十年（一六七〇）には、東本願寺によって東山山腹の一角に新たに親鸞廟が造営され、親鸞の遺骨が分骨された。これが東山区円山町の大谷祖廟（東大谷）のはじまりで、その場所は最初に親鸞の墓が築かれた「鳥辺野の北の大谷」にほど近いところともいわれている。

そして東西本願寺は多くの信者を擁して興隆に向かい、また江戸幕府や朝廷とも結びつきを強め、京都が震源地となった幕末・維新の変革期には、朝廷・新政府側のパトロンのような役割を担って、政治的にも社会的にも大きな影響力をもった。

鎌倉時代以来、「親鸞の墓」という漂流するトポスが起点となって、浄土真宗の粘り強い磁場が広がっていったわけだが、当の親鸞本人は生前こう言い残していたという。

「私が死んだら、遺体は鴨川に流して、魚の餌にしてほしい（某《それがし》、閉眼《へいがん》せば、賀茂河にいれて魚にあたふべし）」（『改邪抄《かいじゃしょう》』）

二つの怨霊を封じ込めた

明智光秀《あけちみつひで》の首塚《くびづか》

明智光秀首塚

東山区梅宮町

住宅地にある光秀のささやかな墓

本能寺《ほんのうじ》の変で自刃した織田信長の遺体の行方については種々の謎が取り沙汰されているが、京都市内には、信長の墓や廟所《びょうしょ》とされるものがいくつか存在する。

豊臣秀吉が信長の菩提《ぼだい》を弔うために建立した大徳寺総見院《だいとくじそうけんいん》の墓、信長の三男・信孝《のぶたか》が本能寺に建立した供養塔、そして京都御所の北東、上京区鶴山町にある阿弥陀寺《あみだじ》の墓がそれである。このうち阿弥陀寺のものはあまり有名ではないが、この寺はもとは北区蓮台野《れんだいの》にあり、寺伝によると、織田氏と親交のあった開山・清玉《せいぎょく》上人は変後ただちに本能寺に駆けつけ、すでに荼毘《だび》に付されていた信長の遺骨を引き取って阿弥陀寺に納めたのだという。もしこれが事実であれば、阿弥陀寺のものがもっとも信長の墓らしい墓ということになる。

一方、謀反《むほん》を起こしたものの三日天下に終わった明智光秀《あけちみつひで》の墓は、どこかにあるのだろうか。

光秀首塚　白川付近の路地裏にある光秀の塚（京都市東山区）

光秀の墓とされるものも、やはり京都市内に存在する。

鴨川の東岸、知恩院《ちおんいん》の西側には鴨川の支流・白川が流れているが、このせせらぎに沿った静かな通りのとある角を東に曲がると「光秀公」という額を掲げた小さな祠《ほこら》に行き着く。そこは民家に囲まれた狭い路地の行き止まりで、寺院の境内地などではないが、祠のそばには古びた石塔が建っている。そして、この石塔の下には光秀の首が埋まっているのだという。つまり光秀の首塚《くびづか》である。

明智藪　光秀は小栗栖の竹藪で最期を遂げたと伝えられる（京都市伏見区）

ただし、山崎《やまざき》の戦いで秀吉に負け、敗走した光秀がここでついに力尽きたというわけではなく、そもそも首塚ははじめからここにあったわけではない。

光秀が京都の本能寺を急襲して主君・信長を倒したのは天正《てんしょう》十年（一五八二）六月二日である。

その後、光秀はいったん本拠の坂本《さかもと》城（滋賀県大津市下阪本）に入るが、さらに信長の安土《あづち》城を占領し、九日に再び京に入り、朝廷・公家《くげ》・町衆らの人心掌握につとめた。ところが、毛利討伐のため中国にいた秀吉が急遽東上。十三日、京から大坂への山崎（京都府乙訓《おとくに》郡大山崎町）で光秀と秀吉の軍勢が激突するが、光秀側が敗れた。光秀は坂本へ逃れようとしたが、その途次、小栗栖《おぐるす》（京都市伏見区）で土民に襲撃されて深傷を負ったため、ついに自害して家臣に首を打たせたという。享年五十五であった。

光秀の首のその後についてはさまざまに伝えられているが、信長・光秀・秀吉らと親交のあった神道家・吉田兼見《かねみ》の日記『兼見卿記《きょうき》』によると、十五日までに首は発見され、十八日からは京の六条河原で晒《さら》され、二十二・二十三日には粟田口《あわたぐち》に埋められて首塚が築かれたという。

公開処刑場となった光秀の首塚

光秀の最初の首塚が築かれた粟田口は東海道・中山道《なかせんどう》の山科《やましな》から京都への入り口にあたる場所で、白川に架かる東山区の三条白川橋から、蹴上《けあげ》、山科区の九条山のふもとまでの街道沿いを指す。洛中と洛外を結んだ街道の出入り口であり、現在では寂しい裏道のような雰囲気を漂わせているが、中世・近世には人の往来の激しい交通の要所であった。

そして、とくに東山と山科の境界付近は、古くから罪人の首を晒す刑場としても用いられた。多くの人が行き交うがゆえに、見せしめにするには格好の場所であったからである。

光秀の首塚が築かれたのもその流れなのだろうが、『京都坊目誌《ぼうもくし》』（一九一六年刊）が引用する『華頂《かちょう》要略稿本』によると、そのときは光秀の首の他に数千の首が集められて首塚がつくられたという。そして江戸時代に入るとそこは明確に刑場となり、公開処刑や晒し首がたびたび行われた。

首塚を築くことは、もちろん死者供養のひとつではあるが、それは怨霊《おんりょう》封じの呪術でもあった。また民俗学的にみれば、街道の出入り口や峠など交通の要所、境界の地に築かれた首塚は、都市や村落への邪気・邪霊の侵入を防ぐ呪術的な役割も期待されたはずである。

刑場の跡は現在では明確ではないが、旧街道の九条山あたりに供養塔が建っていて、その付近が跡地だといわれている。

そして、前掲の『京都坊目誌』や現在の光秀首塚に掲げられている案内板によると、江戸時代中期の安永《あんえい》〜天明《てんめい》初年ごろ（一七七〇〜八〇年ごろ）になって、能《のう》の笛吹で、光秀の子孫を名乗る明田《あけた》理右衛門なる人物が、粟田口の首塚にあった石塔を梅宮町にあった私宅に運び移した。理右衛門の没後も石塔は守られ、明治維新後にはやや西に場所が移された。それが現在の光秀首塚であるという。

光秀は比叡山の修行僧の生まれ変わりか

光秀首塚のもとの所在地である粟田口の北方には比叡山《ひえいざん》の山並みが広がっているが、よく知られているように、比叡山延暦寺《えんりゃくじ》は元亀《げんき》二年（一五七一）、信長によって徹底的な焼き討ちに遭っている。そのとき信長の右腕となって活躍したのが、光秀であった。

おもしろいことに、江戸時代には、「じつは光秀は明智坊《みょうちぼう》という延暦寺の修行僧の生まれ変わりだった」という伝説が生じている。

宝永《ほうえい》二年（一七〇五）に刊行された浮世草子《うきよぞうし》『御伽人形《おとぎにんぎょう》』のなかに、つぎのような話が載っている。

昔、延暦寺に明智坊という修行僧がいたが、寺法に背いたために比叡山を追われた。明智坊はこれを恨み、自ら命を絶ったが、弟子には「遺体を比叡山の見える方角に向けて葬ってくれ」と遺言していた。かの一念が通じたのか、その後、亡魂は明智光秀に転生《てんしょう》し、信長の命を受けて延暦寺を焼き払った——。

比叡山の焼き討ちは、光秀の前生である、かつて山を追い出された明智坊の遺恨が原因だったというのである。

『御伽人形』は浮世草子だが、この話は全くの創作というわけでもないらしい。『御伽人形』より二十年ほど前に刊行された京都の地誌『雍州府志《ようしゅうふし》』（一六八六年刊）には「明智坊塔」という項目があって、この話の原形とおぼしき内容が書かれているからだ。

それによると、明智坊は寺法に背いて延暦寺を追われ、松尾《まつのお》（西京区）の北にある山に寓居した。明智坊は、寺を大いに恨み、死に臨むと「死んだらここに葬り、自分をかたどった石像をつくって比叡山の方角に向けて建ててくれ。死後、必ず比叡山を滅ぼしてみせる」と弟子に遺言した。こうして山腹に建てられたのが明智坊塔であるという。

さらに『雍州府志』は「織田信長が比叡山を焼き討ちしたとき、明智光秀が部将となったが、光秀は明智坊の生まれ変わりだったのだろうか。怪しむべし」と結んでいる。

明智坊塔は『都名所図会《みやこめいしょずえ》』（一七八〇年刊）には「明智坊石像」として紹介されていて、「松尾大社の北、一町（約一一〇メートル）ばかりのところにある」と書かれている。現在ではその場所を確かめることはできず、そもそも明智坊が実在の人物であったかどうかも定かではないが、そこは江戸時代の京都の人びとにはよく知られていた名所だったのだろう。

たまたま同じ名前が含まれていたので、明智坊と明智光秀が付会されたにすぎないのかもしれない。だが近世には、光秀に対して、「信長を裏切った希代の謀反人」というイメージだけでなく、「比叡山に祟る修行僧の怨霊」というイメージも流布していたわけである。

比叡山の僧侶は中世にはひどく堕落していて、信長が焼き討ちにした真意はそこにあったともいわれるが、そんな比叡山を追われた明智坊は、破戒僧の横行を尻目に真摯に修行に励む清僧だったのかもしれない。その人物像は、有能な武将で教養も豊かでありながら、結局は主君に疎んじられて悲運の道をたどった光秀のそれと重ならなくもない。

いまでは民家に囲まれた光秀の首塚は、明智坊の怨霊も封じ込めているのだろうか。

処刑された関白・豊臣秀次一族を弔う

瑞泉寺《ずいせんじ》

瑞泉寺
中京区木屋町通三条下ル石屋町

鴨川の三条河原で処刑された秀次一族

鴨川《かもがわ》に架かる三条大橋は平安京を東西に貫いた三条大路《おおじ》にあたる三条通《どおり》の橋で、鉄道が通るまでは京都の東の玄関口であり、江戸に通じる東海道・中山道《なかせんどう》の西側の起点だった。

文禄《ぶんろく》四年（一五九五）八月二日、この三条大橋には悲愴な表情を浮かべた京洛の町衆で人だかりができていた――すぐそばの河原で凄惨な「公開処刑」が行われていたからだ。

さる高貴な人物の幼な子やその正室・側室などあわせて三十九人がつぎつぎにそこ

へ引き出され、斬られ、あるいは刺されて、命を絶たれていった。

河原に築かれた土壇の上には、斬られてからすでに半月を経ていた「さる高貴な人物」のあわれな首が西向きに据え置かれていた。

それは、太閤《たいこう》豊臣秀吉の甥・秀次《ひでつぐ》の首であった。

秀吉の後継者となるも、謀反のかどで切腹した秀次

豊臣秀次像　秀吉より近江国に43万石を与えられ、城下町近江八幡をつくったことで知られる（滋賀県近江八幡市）

秀次は永禄《えいろく》十一年（一五六八）、秀吉の姉・ともの子として生まれた。父は秀吉の近臣・三好吉房《よしふさ》である。秀吉に従って武将となり、賤《しず》ヶ岳《だけ》の戦い、四国征伐、小田原征伐などで戦功をあげていった。天正《てんしょう》十九年（一五九一）、秀吉の愛児・鶴丸《つるまる》が亡くなると、秀吉の養子とな

ってその後継者になり、同年のうちに関白職《かんぱく》を譲られ、秀吉が京都に造営した聚楽第《じゅらくてい》も譲られる。

だが翌々年の文禄二年（一五九三）、当時五十八歳の秀吉とその愛妾・淀君《よどぎみ》のあいだに秀頼《ひでより》が生まれると、秀吉と秀次の関係は疎遠なものへと変質していった。

やがて秀次の粗暴で不謹慎な振る舞いが目立つようになり、謀反の噂も流れた。文禄四年七月、ついに秀吉は秀次を関白から解き、高野山に追放した。そして同月十五日、謀反のかどで切腹を命じ、秀次は高野山青巖寺《せいがんじ》で自刃したのである。二十八歳だった。そしてその首が、京都の三条河原まで運ばれて晒《さら》されたのである。

その悪行ゆえに「殺生関白」とそしられたともいうが、伝えられている秀次の非道は事実ではなく、謀反の疑いは冤罪《えんざい》だという意見もある。たとえば、当時来日していた宣教師のルイス・フロイスは秀次のことを「深く道理をわきまえ、謙虚で、物事に慎重で思慮深い」（『日本史』）などと好意的に評している。地位を得てから粗野な人物に変容していったという評もあるが、近年では、秀吉は秀次に切腹を命じておらず、秀次は身の潔白を証明するためにみずから腹を切ったのだとする説も唱えられている。

真相はいまひとつはっきりしないが、悲劇の本番は、秀次の切腹から半月後に京都

現在の三条河原　若いカップルや家族連れの姿が目立つ京都市民の憩いの場だが、かつては凄惨な公開処刑の場であった（京都市中京区）

ではじまったのである。

秀次の後を追った三十九人の妻子たち

市中引き廻しのうえ三条河原に運ばれたのは、いまだ九歳の姫君、六歳の仙千代丸《せんちよまる》をはじめとする秀次の五人の遺児と、絶世の美女と称された右大臣・今出川晴季《いまでがわはるすえ》の娘・一《いち》の台《だい》をはじめとする三十四人の妻・側室およびその侍女たちである。秀吉は秀次一族の抹殺をはかったのだった。

死装束をまとった彼らは、秀次の首との非情な再会をはたすと、一人また一人と刃《やいば》の下に送られ、鴨川の水は朱に染まった。

このとき、暗闇にかすかに射す光明のごとく、大雲院の僧・貞安《ていあん》が刑場の片隅に木像の地蔵尊を持ち込み、つぎつぎに打たれる子女たちに引導を授け続けたという。死骸は河原に掘られた大きな穴に投げ込まれ、その上には土石が積まれて塚が築かれた。そしてその塚の上に秀次の首を納めた石櫃《いしびつ》が据えられ、石には「秀次悪逆塚」と刻まれたという。

この後、秀次の近臣も粛清され、主を失った聚楽第も破却の憂き目にあっている。秀吉が断行した秀次一族の抹殺は、ほぼ同時期に行われた朝鮮出兵の失敗とあいまって武将間に疑心を生み、豊臣政権の崩壊を早める要因になったともいわれている。

刑場の跡地に建立された瑞泉寺

鴨川の河原に築かれた秀次一族の塚は洪水などによってしだいに荒れ果て、いつしか顧みる人もなくなった。

惨劇から十六年後の慶長《けいちょう》十六年（一六一一）、鴨川沿いに運河として高瀬川を開削する工事を進めていた京都の豪商・角倉了以《すみのくらりょうい》は、そんな塚の惨状を知ると心を痛め、浄土宗西山《せいざん》派の僧・立空桂叔《りつくうけいしゅく》と計って墓域を整備した。さらに一族の菩提《ぼだい》を弔うため、そのそばに一宇を建立し、秀次の法名にちなんで瑞泉寺《ずいせんじ》と名づけた。了以の実弟は秀次の家臣だったという。

瑞泉寺は現在では三条大橋の西側の高瀬川と鴨川のあいだ、三条小橋の南東すぐの、繁華街のただ中に位置しているが、創建時にはそこは三条河原の中州で、まさに秀次一族の刑場の跡地であったという。

現在の建物は天明《てんめい》の大火（一七八八年）での類焼後に再建されたものだが、境内にある秀次の墓塔は創建時のもので、その中央部には、秀次の首を納めたとされる石櫃が奉安されている。

昭和十七年（一九四二）には、処刑された三十九人と秀次に殉じて自刃した近臣十名のためにあわせて四十九基の五輪塔が新たに造られ、秀次の墓を取り囲むように建てられている。

瑞泉寺は二、三十年ほど前までは、処刑された一族の縁者が訪れるだけで、京都の人びとにも忘れ去られつつあったというが、現在では誰でも自由に参拝できるようになっている。

墓域のそばに建つ地蔵堂には、かつて刑場に貞安が運び込んだという、あの引導《いんどう》地蔵尊も奉安されていて、亡者の鎮魂を続けている。

公開刑場となった三条河原

交通の要地である三条大橋は、大勢の人々が行き交う。したがって、江戸時代にはその橋詰めに奉行所からのお触れや、罪人の罪状などを記した木札を掲げる高札場が設けられていた。庶民に広く通知するには打ってつけの場所だったからだ。

同じような理由で、前項の粟田口《あわたぐち》刑場と同じく、橋のたもとの河原は、ときに多くの人に向けて「見せしめ」とするための公開刑場や獄門台ともなった。関ヶ原の戦いで徳川側に敗れた石田三成《みつなり》は六条河原で処刑されたが、その首は三条河原で晒された。幕末の新選組局長・近藤勇《いさみ》は江戸で斬首されたが、首は京都まで運ばれて三条河原で晒された。伝説的な盗賊・石川五右衛門が釜ゆでに処せられたのは三条河原だ。

さて、秀吉があれほど将来をかけた秀頼であったが、秀吉没後は転落がはじまり、瑞泉寺創建から四年後の元和《げんな》元年（一六一五）には大坂夏の陣で徳川軍に敗れ、母・淀君とともに自害している。享年二十三。捕らえられた秀頼の子・国松《くにまつ》は京都の六条河原で斬られている。

瑞泉寺　角倉了以が高瀬川の開削の際に、荒廃した「秀次悪逆塚」と記された石塔を発見して大いに心を痛め、碑面から「悪逆」の２字を削り新たに墓碑を立てたのが瑞泉寺の始まりとされる（京都市中京区）

豊臣秀次の墓　瑞泉寺境内には秀次の首を納めたと伝わる石櫃と、処刑者や殉じた家臣たちの五輪石塔がある（京都市中京区）

盛衰を繰り返した太閤秀吉の墓所

豊国神社《とよくにじんじゃ》と豊国廟《ほうこくびょう》

豊国神社
東山区大和大路正面茶屋町
豊国廟
東山区今熊野北日吉町

朝鮮出兵の「戦果」として築かれた耳塚

京都を全国政権の中枢として天下統一を進めた豊臣秀吉は、京都市街の範囲を確定する御土居《おどい》の築造、寺町の設定、本願寺《ほんがんじ》の移転など、大胆な京都改造政策も実行していて、現在の京都の景観の骨格を形作るうえでも重要な役割を果たしている。

また、令和二年五月には、秀吉が最晩年――慶長《けいちょう》三年（一五九八）に亡くなる一年前――に築いた「京都新城」の遺構（石垣と堀の跡）の京都市埋蔵文化財研究所による発掘が公表され、話題を呼んだことは記憶に新しい。「太閤《たいこう》御屋敷」「太閤御所」などとも呼ばれた秀吉の京都新城は文献にも登場するものの、江戸時代初期には破却されてしまったらしく、またこれまで遺構が確認されたことがなかったため、どのような建物だったかは不明で、「幻の城」とも言われていたが、ようやく物証があらわれたわけである。発掘地は京都御苑《ぎょえん》内の京都仙洞《せんとう》御所の一角で、東西約四〇〇メートル、南北約八〇〇メートルという広大な敷地を持っていたと推定されている。秀吉は京都御所のすぐそばに巨大な根城を築き、天下を統《す》べようとしたのだ。

だが秀吉は、前項で記した秀次一族の抹殺にみられるように、残忍で冷酷な性格の持ち主でもあり、京都には、瑞泉寺の他にも、そんな秀吉の残忍さの証左によく挙げられるモニュメントが残されている。

東山区の京都国立博物館の隣には、秀吉没後に建てられた、秀吉を神として祀

鼻塚　豊国神社門前にあり、古墳状の盛り土をした上に五輪塔が建てられ、周囲は石柵で囲まれている。耳塚とも呼ばれる（京都市東山区）

る豊国《とよくに》神社の敷地が広がっているが（草創時は別の場所にあったが、それについては後述）、その社前に児童公園があり、さらにそのわきには頂《いただき》に大きな五輪塔を載せた土盛りがある。かつて秀吉がつくらせたもので、耳塚《みみづか》あるいは鼻塚《はなづか》と呼ばれ、つぎのような由来がある。

十六世紀末、天下統一を果たした秀吉は大陸（明《みん》）への侵略もねらい、十万人以上の軍を組織して朝鮮半島への侵攻を行った。これが朝鮮出兵、文禄《ぶんろく》・慶長《けいちょう》の役《えき》（一五九二〜九三年／九七〜九八年）などと呼ばれるものである。

日本の戦《いくさ》では、武士は敵の首を斬り取り、それを自分の大将に見せるのがならいだった。討ち取った首は戦果のあかしであるだけでなく、首の種類（大将か、雑兵か、など）や数が戦勝のほうびを左右したからだ。怨霊《おんりょう》封じの意図もあって、実検が済んだ首は埋められて首塚が築かれた。

したがって、朝鮮出兵においても、本来であれば日本の武士たちは討ち取った首を秀吉のもとに送るところだったが、首は重いので、いくつも船で運ぶのはわずらわしい。そこで彼らは首の代わりに耳や鼻を削ぎ、桶に入れて塩漬けにし、日本へ送ったのである。

豊国神社　東山七条には１キロ四方の中に、豊国神社をはじめ豊臣家にまつわる神社や寺院、史跡などが多く点在している（京都市東山区）

すると秀吉はこれを大いに喜び、一カ所に埋めさせ、耳塚を築かせた。当時は耳塚の正面にはまだ豊国神社はなく、その代わりに秀吉が造営した大仏を本尊とする方広寺《ほうこうじ》という巨刹が建っていた。犠牲者には非戦闘員の民衆も多くいたといい、『和漢三才図会《わかんさんさいずえ》』によれば、埋められた耳鼻の数は二万三千八百六十六個に及んだという。

慶長二年（一五九七）には僧侶四百人を集めて塚供養の施餓鬼《せがき》大法要が行われているが、秀吉にとって、この塚は敵霊の鎮魂のためというよりは、京の人びとに戦果を誇示するためのものだったのではないだろうか。

慶長三年八月に秀吉が亡くなるとようやく朝鮮出兵は終わり、日本軍は撤退した。

阿弥陀ヶ峰に葬られ、神となった秀吉

愛児・秀頼《ひでより》の将来を案じつつ、「露と落ち露と消えにしわがみかな　なにわのことは夢のまた夢」（「なにわのこと」は「浪速のこと」と万事を意味する「何はの事」とをかけている）との辞世を残して秀吉が伏見城で六十三年の生涯を閉じると、ほどなく東山の阿弥陀《あみだ》ヶ峰《みね》西麓に、墓所と一体化した、秀吉を神として祀る豊国神社（豊国社）を建立する準備がはじまった。

そこを社地とするのは秀吉の遺言であると説明され、慶長四年四月には仮殿が完成し、伏見城に安置されていた秀吉の遺骸は阿弥陀ヶ峰山上に埋葬された。同月中には勅使が派遣されて「豊国大明神《ほうこくだいみょうじん》」の神号が宣下され、遷宮式が行われて正式に豊国神社が誕生し、徳川家康も社参した。

阿弥陀ヶ峰（標高一九六メートル）は、かつて山腹と山麓に行基《ぎょうき》が建立した阿弥陀堂があったと伝えられることからそう呼ばれるが、六道珍皇寺《ろくどうちんのうじ》の項（94ページ）でも説明したように、古くは鳥辺山《とりべやま》とも呼ばれ、その山すその鳥辺野は平安時代以来の京

都における代表的な葬地だった。

そんな場所に豊国神社が創建されたことは、神道的にみると、大きな画期が到来したことを意味していた。鳥辺野には寺院や貴族の墓がもうけられることはあっても、人霊を祀る神社が建てられることはなかったからだ。

それまでにも、早良《さわら》親王や菅原道真《すがわらのみちざね》の例にみられるように、人間を神として祀ることは行われてきたが、それらは怨霊を鎮めるという消極的な理由にもとづくのが基本だった。また、旧来の神道では死を穢《けが》れ・不浄とする立場から、神職が葬儀に関与することもタブーであり、神社の境内に墓地が設けられることは許されなかった。

ところが、室町時代末期に京都で生じた吉田神道は、神の本源を人性のうちに求めようとする教理から、神道式の葬儀を案出し、遺骸の埋葬地に霊社を建てることを推進した。広大な葬地のど真ん中に建てられた、神社と墓を一体にした豊国神社はそうした霊社の代表例となったのである。

このことには、これらの創建に吉田神道の当主で秀吉に信任された吉田兼見《かねみ》やその弟・梵舜《ぼんしゅん》が大きく関わっていたことも影響している。そしてこの流れは、徳川家康が没後に「東照大権現《とうしょうだいごんげん》」として日光に祀られることにもつながってゆく。

豊国神社は社領一万石を有し、三十万坪に及んだ境内には壮麗な社殿が並んだ。阿弥陀ヶ峰という山名にちなんだからか、それとも極楽往生を意識してのことか、正門は豊国極楽門と呼ばれ、また巨大な赤鳥居もそびえていた。神社の西側には秀吉が建てた大仏殿を擁する巨刹・方広寺の境内が広がっていた。

阿弥陀ヶ峰から鴨川東岸にかけての一帯は、神仏混淆の秀吉の霊界ゾーンのごとき様相を呈したのである。

明治に遺骸が発掘され、改葬される

慶長九年には秀吉七回忌を記念して、豊国神社で盛大な祭礼が催された。その盛儀の様は、華麗な「豊国祭礼図屏風《びょうぶ》」によってしのぶことができる。

しかし、方広寺の大鐘の銘文「国家安康」を「家康」の名を両断する呪詛《じゅそ》と決めつける徳川側の言いがかりに端を発した、大坂の陣（一六一四〜一五年）の敗北によって豊臣家が滅亡すると、徳川幕府は神社の廃祀を命じ、社殿は破棄され、墓を詣でる人の姿も消えた。

再興されたのは秀吉再評価の機運が生じた明治維新以後のことで、明治十三年（一八八〇)、豊国神社は阿弥陀ヶ峰西麓から現社地の旧方広寺境内へ遷されて再建された。荒廃していた山上の墓所(豊国廟《ほうこくびょう》)も、明治三十一年(一八九八)の秀吉三百年祭にあわせて、全国からの募金をもとに整備された。阿弥陀ヶ峰頂上まで直登する長い石段や頂上に建つ高さ一〇メートルの巨大な五輪石塔(伊東忠太設計)も、その折に整備されたものである。当時は日清戦争の三年後で、秀吉は海外征服の英雄としてもてはやされるようになっていた。

豊国廟の整備では当初は墓の改葬までは予定されていなかったが、湯本文彦「豊太閤《ほうたいこう》改葬始末」(『史学雑誌』明治三十九年一月号所収)によると、明治三十年、墓上の地固めのために土を掘り起こしたところ、地下三尺ばかり(約九〇センチ)のところから、高さ三尺ほどの大きさの陶製の壺が姿をあらわした。すでにひびが入っていて、掘り出すと崩壊してしまったが、その中にあったのは、北西を向いて手を組み蹲踞《そんきょ》する遺骸であった――秀吉の亡骸が発見されたのだ。

だが遺骸を取り上げようとしたところ、たちまち破砕《はさい》し、形を失ってしまった。武具などの副葬品はとくに見つからなかったので、江戸時代にすでに盗掘されていたのだろうとみられている。

なぜ秀吉の遺骸は北西を向いていたのか

秀吉の遺骸の発掘は予期せぬハプニングだったが、結局改葬を施すことになった。バラバラになっていた遺骨はひとつひとつ絹に包まれて桐箱に朱詰《しゅづ》めされ、これを銅製の方櫃に納め、その上に銅板の墓誌を置き、さらにこれを砕けた陶壺などとともに石櫃に納め、丁重に埋葬し直された。そしてその上に五輪塔が建てられたのである。

現在、阿弥陀ヶ峰の中腹にはささやかな拝殿、社務所などが建つ「太閤坦《たいこうだいら》」と呼ばれる平坦地が広がっていて、京都市内を遠望することができるが、ここそがかつての豊国神社の社地であった。

拝殿の北側には豊臣秀頼の子・国松《くにまつ》と秀吉の側室・京極竜子《たつこ》の墓石が並んでいるが、これは明治三十七年（一九〇四）に誓願寺《せいがんじ》から改葬されたものだ。

見つかった秀吉の亡骸が北西を向いていたということについては、勤王家として京都御所の方角を拝しているのだとする説もあれば、そのはるか彼方にある、秀吉がその侵略を悲願としていた朝鮮半島を望み見ているのだろうとする説もある。

豊国廟参道　智積院と妙法院の間から豊国廟への参道がある（京都市東山区）

豊国廟五輪石塔　麓から563段の石段を登ったところに石造五輪塔が建てられている（京都市東山区）

維新の志士たちが眠る
京都霊山護國神社《きょうとりょうぜんごこくじんじゃ》と霊明神社《れいめいじんじゃ》

京都霊山護國神社
霊明神社
東山区清閑寺霊山町

土佐ではなく、京都の東山に葬られた坂本龍馬

慶応三年（一八六七）十一月十五日夕方、坂本龍馬は宿舎としていた京都河原町蛸《たこ》薬師《やくし》の近江屋《おうみや》で刺客の襲撃を受け、絶命した。享年三十三。ちょうどその場で龍馬と会談していた盟友の中岡慎太郎も重傷を負い、二日後にあとを追った。最後の将軍・徳川慶喜《よしのぶ》が大政奉還を行ってからおよそひと月後、王政復古の大号令まではあとひと月という時期であった。

暗殺犯についてはいくつかの説が唱えられているが、幕府傘下の京都見廻組《みまわりぐみ》とする説が有力なようである。いずれにしても、幕末期を鳴動させた討幕運動の英傑は、

維新の本格的な到来を目にする前に世を去ってしまった。

暗殺現場となった近江屋は土佐藩御用達の醤油商であった。建物はすでにないが、跡地にあたる河原町通《どおり》のにぎやかな商店街の片隅には「坂本龍馬　中岡慎太郎　遭難之地」と書かれた石碑が建てられていて、往時をしのぶためのかすかなよすがとなっている。

龍馬遭難碑　河原町通と蛸薬師通の交差点近くにある近江屋跡（京都市中京区）

坂本龍馬の遺骸は郷里の土佐へは運ばれず、事件後まもなく、中岡慎太郎とともに京都東山《ひがしやま》・霊山《りょうぜん》の墓地に埋葬された。そこは、現在は京都霊山護國神社の境域となっているところで、ここには龍馬・慎太郎をはじめ、幕末維新の志士千三百五十六人の御霊《みたま》が祀られている。

神葬祭の地として発展した霊山の霊明神社

龍馬が埋葬された東山の霊山とはどのような土地だったのだろうか。

京都東山三十六峰のひとつに霊山という山があり、その西麓も含めて霊山と呼ばれることがある。おおざっぱにいえば、清水寺から八坂神社にかけての東山山腹付近の一角で、霊山町という地名がいまも残っている。霊山という地名の由来ははっきりわかっていないが、かつてこの地に九世紀終わりごろの創建と伝わる霊山寺という天台宗寺院があり、一説にこの寺名が地名の由来であるという。また「霊山」は、釈迦が説法を行った地と伝えられるインドの霊鷲山《りょうじゅせん》（グリドラクータ、「鷲の峰」の意）の略とも解されているので、この一帯がインドの仏跡に見立てられたのかもしれない。当初は鷲の尾山と呼ばれていたのを、インドの霊鷲山にちなんで改称されたともいわれている。ちなみに霊山寺は釈迦仏を本尊とした。

霊山寺は浄土念仏が盛んだったようだが、南北朝時代には衰微してしまう。

だがその後、時宗《じしゅう》の国阿《こくあ》がこの寺を譲り受けて再興をはかり、時宗霊山派本山・霊鷲山正法寺《しょうぼうじ》に改められた。

霊明神社　近江屋事件の後、龍馬の遺体は海援隊によってここに運ばれ、同社の墓所に埋葬された（京都市東山区）

正法寺は足利義満《よしみつ》や豊臣秀吉らからも帰依《きえ》を受け、広大な境内に多くの堂宇《どうう》が並んで興隆した。室町時代末期には寺の背後に室町幕府十三代将軍・足利義輝《よしてる》によって山城（霊山城）が築かれ、戦場となったこともあった。

江戸時代なかばからは寺院としては衰退してゆくが、その反面、京洛の眺望や花見の地としてにぎわうようになり、庶民にも親しまれる遊興の地へと変容していった。

そんな場所が志士たちの聖地となる転機は、文化六年（一八〇九）に訪れた。

神道家の村上都愷《くにやす》が正法寺の塔頭《たっちゅう》・清林庵の境内の一部を神葬祭のための用

地として買い受け、霊明《れいめい》神社（霊明舎）を創建し、神葬祭をはじめたのである。

神葬祭とは神道式の葬儀のことである。先にも触れたように神道では死を穢《けが》れ・不浄とする立場から神職が葬儀に関与することはなく、日本の葬儀は仏教僧侶の独壇場となっていた。室町時代末期には吉田神道によって神葬祭が案出されていたものの、なかなか広まらなかったが、江戸時代後期に復古思想が興隆すると神葬祭が改めて注目されるようになり、国学者や神道家によってその普及運動が展開されるようになった。

都愷による霊明神社の創建と神葬祭の敢行は、このような時代の流れのさきがけを行くものであり、都愷自身も没後は霊明神社の墓地に埋葬されている。

幕末に霊明神社の隣に霊山護國神社が創建

幕末に近づくと、長州閥を中心とする尊王攘夷《そんのうじょうい》派の志士たちの葬儀や埋葬がしばしばここで行われるようになった。

特筆されるのは文久《ぶんきゅう》二年（一八六二）十二月に営まれた「報国忠死の霊魂祭」である。これは安政《あんせい》の大獄《たいごく》（一八五八〜五九年）以来の国事殉難者の慰霊のために霊明神社で行われたもので、諸藩の藩士ら総勢六十六名が参列。祭主は平田篤胤《あつたね》門下の神道家・古川躬行《みゆき》、会頭頭取は津和野藩士で国学者の福羽美静《ふくばびせい》だったが、長州藩士が最も多く、十五人を占めていた。

この祭祀は、幕末維新時の新政府側の戦没者を慰霊し、神として祀るために東京・九段に明治二年（一八六九）に創建された靖国《やすくに》神社（当初は東京招魂《しょうこん》社と称した）のルーツのひとつに位置づけられている。

つまり、幕末には霊山は志士たちの神霊が鎮まる聖地になっていた。龍馬の墓がこの地に設けられたことには、こうした背景があったわけである。

霊山が神道式の葬送地として発展をみたのは、ここが京都古来の葬地である鳥辺野《とりべの》と接するような場所であったことと無関係ではないだろう。

そして、戊辰《ぼしん》戦争さなかの慶応四年（一八六八）五月には、新政府は「幕末の国事殉難者の霊を慰撫するため、京都・東山の佳域に祠宇《しう》を設けてその霊を合祀する」という旨の布告を出し、これを受けて霊山の一角に、なかば官営スタイルの「招魂社」が創建されることになった。これが霊明神社に近接する京都霊山護國神社の起源で、当初は霊山官祭招魂社と称した。「招魂」とは死者の霊を招き降ろして神として祀ることで、慰霊に似たニュアンスがある。

明治十年（一八七七）には霊明神社の墓地の多くが政府に収公され、志士たちの墓所（霊山墓地）は京都霊山護國神社が管理することになったのである。もっとも、「墓所」とはいっても、遺骸が納められた墓ばかりではなく、死者の御霊のみが祀られている祠（招魂社）も多い。

東大路通《ひがしおおじどおり》から京都霊山護國神社に向かう長い坂道は、近年、「維新の道」として整備され、「幕末維新ミュージアム　霊山歴史館」もあるので、京都霊山護國神社周辺は参拝客・観光客でにぎわいをみせる。

その坂をさらに登ると途端に人通りが絶えて閑散となるが、志士たちの本来の聖地であり、そして靖国神社のルーツともなった霊明神社は、その先に所在している。

往時より敷地はだいぶ狭まったが、霊明神社から見下ろす京都の風景はことのほか絶景である。霊山のルーツとなった正法寺も、いまでは塔頭の清林院が法脈を継いで残るだけだが、古都の喧騒から免れて神社の東隣にたたずんでいる。

京都霊山護國神社　幕末の動乱期に活躍した志士たちを奉祀すべく、明治元年（1868）に「霊山官祭招魂社」として創立された（京都市東山区）

維新の道　坂をのぼると京都霊山護國神社にたどり着く。神社内の墓所には坂本龍馬をはじめ、維新に尽力した志士たち約1300名が祀られている（京都市東山区）

コラム

京都五社めぐり・南の護り

城南宮《じょうなんぐう》

——伏見区中島鳥羽離宮町

平安京の真南にあたる場所に鎮座する城南宮は、国常立尊《くにのとこたちのみこと》・八千矛神《やちほこのかみ》・神功《じんぐう》皇后を祀り、方除《ほうよけ》の神社として全国的な崇敬を受けている。

「城南」とは平安京都城の南の地という意味だが、現在の城南宮の境内は、十一世紀後半から十二世紀にかけて院政の舞台として繁栄した広大な鳥羽離宮《とばりきゅう》（鳥羽殿《どの》）の敷地内にあたる。

鴨川《かもがわ》と桂川《かつらがわ》が合流する池沼の多い景勝の地で、かつ京にも近く交通の便の良い鳥羽に離宮を造営したのは白河《しらかわ》天皇で、応徳《おうとく》三年（一〇八六）の譲位の翌年にここに移り住んだ。彼の孫にあたる鳥羽法皇も鳥羽離宮を御所とし、いくつもの寺院を新たに造立している。白河・鳥羽と近衛《このえ》天皇（鳥羽の皇子）の御陵は離宮内にもうけられている。

また、鳥羽離宮内に造営された最大の寺院は金剛心院《こんごうしんいん》で（現存しない）、釈迦堂《しゃかどう》、寝殿、阿弥陀堂《あみだどう》（九体の阿弥陀像が安置された）などが建っていた。とくに阿弥陀堂は長大で、宇治の平等院鳳凰堂《びょうどういんほうおうどう》に匹敵する規模だった。

城南宮については平安遷都に際して都の南に国の守護神として祀られたことにはじまるとする伝えもあるが、一説に城南宮の起源はこの鳥羽離宮の鎮守《ちんじゅ》社であるといい、社地の敷地は離宮内に広がっていた池の中島にちょうどあたる。康和《こうわ》四年（一一〇二）九月、白河上皇は鳥羽の「城南寺明神」の御霊会《ごりょうえ》を見物するために鳥羽殿へ行幸していることが『中右記《ちゅうゆうき》』（平安末期の公卿・藤原宗忠《むねただ》の日記）に記されているが、「城南寺明神」を城南宮の前身と解することもできる。

京都五社と四神④城南宮

院政期には鳥羽離宮は方違《かたたがえ》の宿所や熊野詣《もうで》出立の地に選ばれているが、このことがのちに城南宮が方除の神として信仰されることにつながった。離宮では歌会や舞楽、舟遊びや流鏑馬《やぶさめ》がしばしば行われたが、南北朝時代以後は兵火に遭うなどしてしだいに荒廃してゆく。だが、いわばその遺跡として、城南宮がかろうじて残ったのだろう。

城南宮のルーツを式内社の真幡寸《まはたき》神社とみる説もある。真幡寸神社は、平安遷都以前からこの地一帯を勢力下に置いていた秦忌寸《はたのいみき》氏の氏神《うじがみ》と考えられる神社である。そのた

城南宮　鴨川と桂川が出合う付近である京都の南（朱雀）に「城南宮」がそびえる。現在でも方除の社として参詣者が多い（京都市伏見区）

め、明治十年（一八七七）には城南宮は「真幡寸神社」と改称したが、昭和四十年（一九六五）にふたたび称を城南宮に戻し、真幡寸神社は摂社《せっしゃ》として祀られることになった。

明治維新を決定づけた戊辰《ぼしん》戦争の端緒となった慶応四年（一八六八）の鳥羽・伏見の戦いでは、城南宮は薩摩軍の本陣となり、激戦の場と化した。本殿は昭和五十二年（一九七七）に火事で全焼したが、翌年にははやくも再建がなされている。

四季折々の花や紅葉に彩られ、清流や池を随所に配した神苑は名園として名高い。

第4章

古都の魔界への入口としての神社・古寺

魔境と化した平安京の正門

羅《ら》城《じょう》門《もん》

羅城門跡

京都市南区唐橋羅城門町

平安京の表玄関だった羅城門

平安京は、古代中国の長安や洛陽に造営された都城をモデルにしていたといわれている。

古代中国の都城はまさに「城」であって、外敵から防御するために堅固な城壁（外郭）によって取り囲まれていた。そのような城壁を羅城《らじょう》といった。

ところが、平安京は南側には羅城をもうけたものの、他の三方にはもうけられなかった。東側は鴨川《かもがわ》が、西側は桂川《かつらがわ》が流れ、北側には山なみが迫っていて、それらが天然の要害になりうると考えられたからだろうか。

しかも南側の羅城も門の左右にしばらく続いただけで途切れ、おまけにその羅城は正確にいえば築垣《ついがき》にすぎなかった。こうしたところにも中国と日本の風土や文化の違いを読み取ることができる。

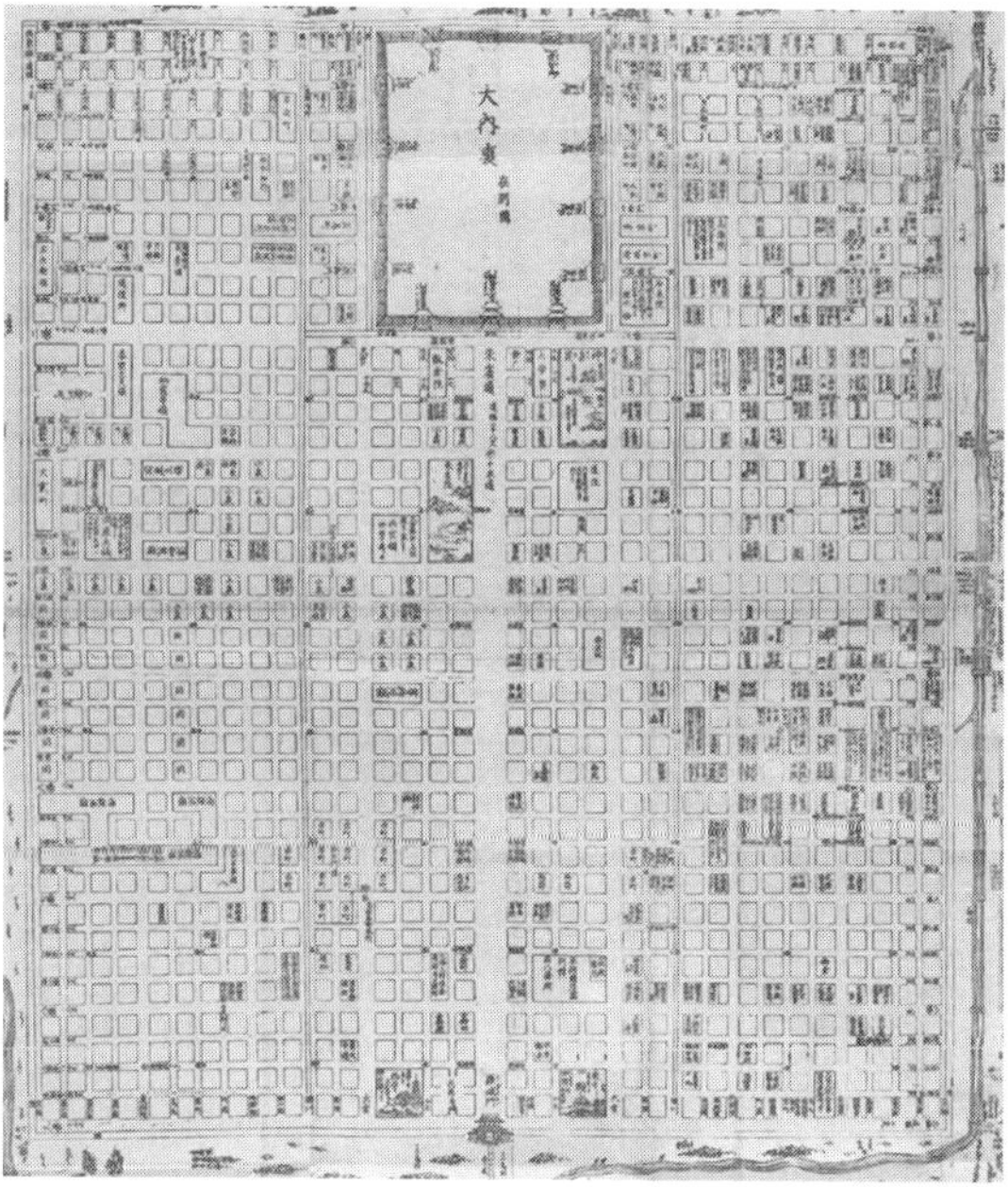

平安京の正門・羅城門　朱雀大路（現、千本通）が真っすぐ北に走り、左右には東寺と西寺が位置していたことがわかる（『花洛往古図』）

そしてその平安京羅城の中央にもうけられたのが、羅城門であった。

羅城門は平安京の中央を南北に走る道幅二八丈《じょう》（約八四メートル）の朱雀大路《すざくおおじ》の南端にあり、この門を抜けて北へまっすぐに進めばやがて大内裏《だいだいり》（平安宮）に着く。また、外側の南には鳥羽作道《とばのつくりみち》が真っ直ぐに延び、大坂や大和方面に向かうことができた。

羅城門は平安京の栄えある正門、表玄関であったのである。

祈りの場でもあった羅城門

羅城門は延暦十三年（七九四）の平安遷都にともなって創建され、桁行《けたゆき》七間《けん》、梁間《はりま》二間、二階建ての壮麗な門であったと推測されている。門の内外に幅三メートルほどの溝が掘られ、そこに橋が架けられており、内側には九条大路が東西に走っていた。

羅城門は「らいせいもん」「らせいもん」とも読まれたらしく、転じて「羅生門」という俗称も生じている。

そこはまず外国使節や高僧の送迎をする政治的な空間であり、門の北側の、七条大路と七条坊門小路《ぼうもんこうじ》のあいだの朱雀大路沿いには、外国使節の宿泊・接待施設である鴻《こう》臚館《ろかん》があった。

だが、羅城門にはそれ以外にも重要な役目があった。

初期の羅城門の楼上には、毘沙門天《びしゃもんてん》像が安置され、寺でもないのにそれが本尊とさ

羅城門復元模型　京都駅北口広場に置かれた10分の1サイズの模型（京都市下京区）

れていた。それはどういうことかというと、江戸時代中期に編まれた京都の地誌『雍州府志《ようしゅうふし》』（一六八六年刊）にはつぎのように由来が説明されている。

「かつて唐にはしばしば西蕃《せいばん》（西域《さいいき》の異民族）が侵攻してきたが、僧・不空《ふくう》がただひたすら毘沙門天を念じたところ、神兵が出現し、西蕃を撃退した。これにより、城門楼上には毘沙門天像が安置されるようになった。平安京でもこれに倣って、羅城門楼上に毘沙門天像が置かれた」

毘沙門天は仏教の四天王のひとつで、ふつうは北方守護の武神として信仰されるが、毘沙門天のなかでも西域の兜跋国《とばっこく》に出現したとされる兜跋毘沙門天については、たしかに『雍州府志』が記すように、王城を守護したとの伝説がある。平安京の南端にあたる羅城門に置かれて門外を監視していたのは、重厚な鎧《よろい》に身をかためた兜跋毘沙門天であった。

また羅城門の前では、羅城御贖《らじょうのみあがい》と呼ばれる祓《はらえ》の儀式や京中の鬼気を追い出す羅城祭なども行われた。そこは、外敵や疫病を祓う祈りの場でもあったのである。

古代の京の人びとにとって、羅城門の一歩外は異界・魔界であった。境界に建つ羅城門は、象徴的・宗教的なかたちで、外界から平安京の人びとを守る役割も大いに期待されたのである。

平安時代前期には荒廃して鬼神の住みかとなる

しかし平安遷都からおよそ二十年後の弘仁《こうにん》七年（八一六）には、大風のため羅城門は早くも倒壊してしまった（『日本紀略』）。その後再建されるが、しだいに荒廃が進んでゆく。

その時期のエピソードのひとつとして、鎌倉時代中期の説話集『十訓抄《じっきんしょう》』にこんなものが載せられている。

都良香《みやこのよしか》（八三四〜八七九年）は文章博士《もんじょうはかせ》を務めた平安朝を代表する漢詩人だが、

その彼があるとき羅城門を過ぎ、「気霽《は》れては風新柳《しんりゅう》の髪を梳《くしけず》る」と詠んだ。すると楼上に声がして、「氷消えて浪旧苔《きゅうたい》の鬚《ひげ》を洗う」と対句が吟じられた。後日、良香がこのことを菅原道真《すがわらのみちざね》に話して詩を自賛すると、道真はこう言った。

「下の句は鬼が詠んだのだろう」

羅城門の鬼　羅城門に巣食っていたとされる鬼。源頼光の家来・渡辺綱が羅城門で鬼と戦い、片腕を切り落とすと、黒雲の彼方へ消えていったという伝説が残る（鳥山石燕『今昔百鬼拾遺』）

伝説色が濃いが、平安時代前期には、鬼神が住み着いていると思われるほどに羅城門は人気がなく寂寥《せきりょう》としていたのだろう。

もうひとつ有名なのは、『今《こん》

昔《じゃく》物語集』(十二世紀前半成立)に収められた説話である(巻第二十九)。

「日暮れ時に京に上ってきた盗人が身を隠そうと羅城門の二階にのぼると、老婆が放置された若い女性の死体から髪を手荒く抜き取っているのに出くわした。はじめは老婆を鬼か死霊かと思ったが、彼女はその髪で鬘《かつら》をつくって、生活の糧を得ようとしていたのだった……」という話で、黒澤明によって映画化もされた芥川龍之介の短編小説『羅生門《らしょうもん》』の題材になったことで、よく知られるようになった。

そんなわけで、いつしか羅城門は都ではなく魔界への出入口になってしまっていたのである。

京都の辺地と化した平安京のシンボル

そして天元《てんげん》三年(九八〇)に暴風雨によって再び倒壊すると、そのまま放置されて二度と再建されることがなかった。

平安京の正門であったにもかかわらず、羅城門が荒廃したことについては、いくつか理由が考えられる。

ひとつは、平安京の非閉鎖性である。すでに記したように、平安京は城壁に囲まれていたわけではなかったので、わざわざ正門などを通らずに、どこからでも出入りすることができた。大坂や大和方面との往来に関しても、鴨川に並行して南北に走る大和大路や桂川の水運を利用すれば、羅城門を通る必要はなくなる。

もうひとつは地理的な事情である。平安京は全域にくまなく人間が住むことを想定した計画都市であった。だが現実には、早くから左京（東側）に人口が集中し、右京（西側）には空き家や空き地が目立った。右京のなかでもその南側は、もともと沼沢の多い湿地帯で、宅地には適さなかったからである。

また、京内の中央北に置かれた内裏は、天徳《てんとく》四年（九六〇）以降たびたび罹災したため、再建がなるまで天皇が貴族の邸宅などを仮の御所（里内裏《さとだいり》）とすることが繰り返されるようになったが、里内裏は左京にあるのが常だった。このことも右京の衰微に拍車をかけた。

つまり、羅城門は本来は都の中央南端に建っていたのだが、いつのまにかそこは都の南西の隅っこという辺地に変質してしまっていたのである。羅城門が寂れ、幽霊屋敷化するのは、至極当然の成り行きだったといえよう。

羅城門跡　京都駅の南側・花園児童公園内に設置されている羅城門遺址（京都市南区）

庶民の葬地として活用された羅城門

先に触れた『今昔物語集』の説話の最後には「羅城門の二階には死人の骸骨がたくさん転がっていた。葬式などできない人は門の上に捨て置かれたのである」とおどろおどろしいことが書かれていて、「庶民の死体遺棄」という王朝貴族政治の恥部がここに露呈されていると受け止める向きもある。

だが、必ずしもそうとは言い切れない。

平安京では人は亡くなると、東郊の鳥《とり》辺《べ》野《の》や西郊の化野《あだしの》、北郊の蓮台野《れんだいの》などに放置されるのがめずらしくなかったが、それは必ずしも「死体遺棄」という意識のもとで行われたわけではなかった。遺体を葬地に放置することは当時の人びとの意識では「簡易な土葬」であり、葬送の一形態でもあったからである。また、高貴な身分の人間の場合は、遺体は野山にもうけられた「霊屋《たまや》」と呼ばれる小屋にしばらく安置されたあと、土葬あるいは火葬されるのがならいだった。

そう考えると、実質的には京の辺地に位置し、この世と異界との接点としてとらえられていた羅城門の楼上は、庶民にとっては「簡易な土葬」のための出来合いの「霊屋」として活用されていたととらえることもできるのではないだろうか。

当初は平安京のシンボルとなっていた羅城門だが、現在では跡形も残っていない。跡地は南区唐橋《からはし》羅城門町と推定され、九条通に面した小さな公園（花園児童公園）に「羅城門遺址《いし》」と刻まれた碑が立っている。だが、これまで何度か発掘調査が行われたものの、遺構はいっさい見つかっていない。度重なる川の氾濫などによって基壇ごと消滅してしまったのだろうといわれている。

かつて楼上に安置されて平安京を守護していた木造兜跋毘沙門天像は、羅城門の荒廃後は近くの東寺《とうじ》に移された。国宝として現存しており、同寺の宝物館で拝することができる。

鬼の首を埋めて化外の民を退ける
首塚大明神《くびづかだいみょうじん》

首塚大明神
西京区大枝沓掛町

鬼神・酒呑童子の首が埋まる老ノ坂峠

京都盆地と亀岡盆地を結ぶ国道九号線はかつての山陰街道《さんいんかいどう》（山陰道）にあたり、江戸時代までは京都（山城《やましろ》）と丹波《たんば》方面を結ぶ唯一の交通路だった。この街道上の山城国と丹波国の国境《くにざかい》が、大枝山《おおえやま》山塊にある老ノ坂《おいのさか》峠である。

標高は二百メートルに満たないが、京都市街に発する国道もこの峠に近づくと両側に山が迫ってきて急にカーブが多くなり、たとえ市内はよく晴れていても、峠付近だけは濃い霧と冷気に包まれ、天候が急変することが珍しくない。そんな峠は、平安時代の人びとには、都と化外《けがい》の地を隔つ天然の関門として映ったことだろう。

老ノ坂峠といえば、明智光秀《あけちみつひで》が亀山城から本能寺へ向かうのに通ったというエピソードが知られるが、この峠には京都人ならば見逃すことができない伝説もある。老ノ坂近くの山中の小丘——一説に小円墳だという——に首塚大明神《くびづかだいみょうじん》という小さな神社があるのだが、そこは伝説的な鬼神・酒呑童子《しゅてんどうじ》の首を埋めたところと伝承されているのだ。

首塚大明神　山城国と丹波国の境界線上にある老ノ坂峠に位置する。酒呑童子の首が埋められたという伝説が残る（京都市西京区）

「かつて丹波国の大江山《おおえやま》を根城としていた酒呑童子という鬼神が京に出て財宝を奪い、池田中納言の娘をさらった。そこで帝は源頼光《みなもとのよりみつ》に鬼退治を命じ、頼光は渡辺《わたなべの》綱《つな》、坂田金時《さかたのきんとき》ら四天王を従えて大江山に登り、童子に酒を飲ませて油断させ、見事これを討ち取って姫を救い出し、京へ帰った」

このような筋書きをもつ酒呑童子伝説は江戸時代初期に出版された『御伽草子《おとぎぞうし》』に収められているものがよく知られ、謡曲や浄瑠璃、歌舞伎の題材となって広まったが、物語の原形は中世にはすでに成立していたらしい。

平安時代後期成立の『今昔《こんじゃく》物語集』には、酒呑童子の名は見えないものの、丹波の大江山をアジトとする盗賊の話や頼光と四天王の武功譚がみえる。頼光も渡辺綱も平安中期に実在した武将である。酒呑童子伝説は、もちろん史実とはいえないものの、まったく作り話というわけでもなさそうだ。

酒呑童子の里・丹波の大江山はじつは老ノ坂峠の大枝山か

だが、現在の地名でいえば京都市福知山市と与謝野町にまたがる、丹波の大江山で斬られた酒呑童子の首が、なぜ老ノ坂まではるばる運ばれて埋められたのだろうか。

首塚大明神に掲げられている由緒書にはつぎのようなことが書かれている。

「丹波国の大江山で酒呑童子とその一族を征伐した源頼光ら一行は、童子の首級《しるし》を携えて京の都へ帰る途中、この老ノ坂で休憩した。すると道端の子安《こやす》の地蔵尊が『鬼の首のような不浄なものを天子様のおられる都へ持ち行くことはならん』と言われた。だが、坂田金時が『証拠の品だからどうしても都へ持って行く』と言って首を持ち上げようと力んだが、なぜかびくともしない。

そこで一行はやむを得ず、この場所に首を埋めて首塚を作ったと伝えられている」

さらにこの由緒書によると、酒呑童子は頼光に首を斬られるとき、これまでの罪を悔い、「これからは首から上の病をもつ人びとを助けたい」と言い残したといい、そのために首塚大明神は首から上の病気に霊験《れいけん》があらたかなのだという。「首から上の病気」というのは、たとえば扁桃腺炎とか頭痛とか眼病などになるのだろうか。

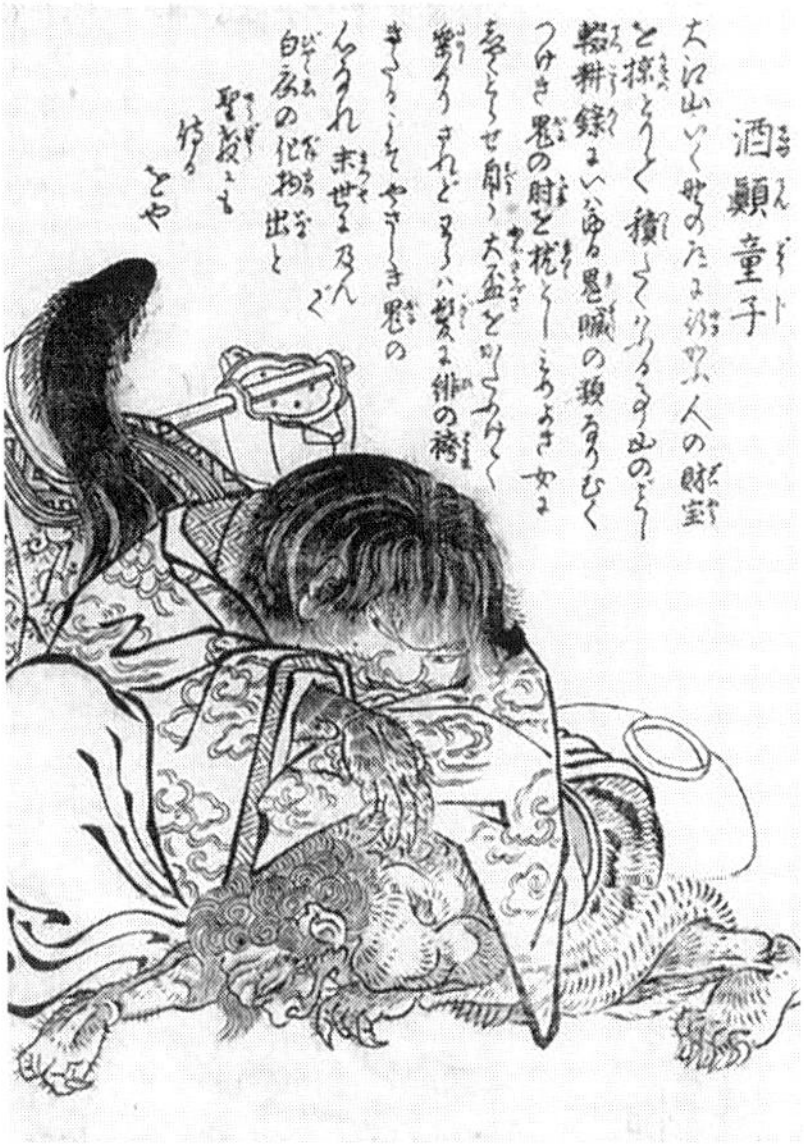

酒呑童子　本拠とした大江山では洞窟の御殿に住み、数多くの鬼を部下にしていたとされる（鳥山石燕『今昔画図続百鬼』）

だが、こうした由緒とは齟齬《そご》するような見方もある。

老ノ坂峠の南方には大枝山がそびえているが、酒呑童子が住んだ大江山とは丹波のそれではなく、本来は丹波と山城の境にある大枝山のことをさしていたのではないのか、ともいわれているのだ。老ノ坂という地名の由来についても、大枝がオオイ、オイと転じ、老の字があてられたのだろうとみられている（『山州名跡志《さんしゅうめいせきし》』一七一一年刊）。

つまり、当初は鬼の住みかは平安京に近い老ノ坂峠・大枝山付近として語られていたが、時代の変遷のなかで老ノ坂と大枝山のマージナル性が薄れ、話の舞台がより遠くの丹波の大江山へと移されたのだろう、というわけである。老ノ坂に鬼がいたという観念は、同じく都のマージナルな土地としての性格ももった羅城門に鬼がいたというのと通じるものがある。おもしろい見方である。

首塚大明神とも重なる子安地蔵の伝説

ところで、由緒書には老ノ坂の「子安の地蔵尊」が頼光らに物申したとあるが、たしかに峠付近には「子安地蔵」とか「峠地蔵」と呼ばれる地蔵を祀った地蔵堂がいつのころからか建っていて、安産のご利益《りやく》があるということで信仰を集めていた。『都名所図会《みやこめいしょずえ》』（一七八〇年刊）にはこんな由来が記されている。

「その昔、この近くに住んでいた市盛長者という者の一人娘が難産のために亡くなってしまった。

たまたまこの地を通りかかって宿をとった恵心僧都《えしんそうず》（源信《げんしん》）が念仏を称えて浄土を観じると、亡くなった女が現れ、『どうか冥土の苦しみから救ってください』と嘆願した。そこで僧都が仏法を説くと、女は『これで苦患から免れました。御礼に私はこれから末永く妊婦を死から救うことを誓います。どうか地蔵尊をつくってここに安置してください』と言い残して消え去った。

そこで、僧都はこの女の墓に生えていた栢《かや》の樹を伐って地蔵尊を作り、一字の堂を建てて安置した」

第2章でも説明したが（116ページ参照）、峠や道の辻に六道《ろくどう》の衆生《しゅじょう》を済度《さいど》する地蔵を安置するのは古くからみられる風習である。

その一方で、悪霊邪気の侵入を防ぎ、旅人を守護してくれるということで、峠や辻に道祖神《どうそじん》を祀る風習も日本では古くからみられるが、道祖神が男女双体の像としてイメージされたためか、それは良縁や出産の神としても信仰された。

老ノ坂の子安地蔵は、そうした境界の神でありまた出産の神でもある道祖神の後身のような顔ももっているのだろう。

また、難産で死んだ女が供養されたのちには世の妊婦を救うという展開は、斬られた酒呑童子の首が罪を悔いて世人の首の上の病の治療に尽くすというのと同じ論理である。二つの説話は相関的な関係にあるのではないだろうか。

平安京の外にはびこる魑魅魍魎の影

いまひとつ注目したいのは、平安時代の老ノ坂が「四境祭《しきょうさい》」という陰陽道《おんみょうどう》の祭祀の場であったことだ。四境祭は、疫病が流行したり天皇が重い病気になったりした際などに、その原因と考えられた鬼気を追却するために老ノ坂を含む山城国の国境で行われたもので、疫神祭《えきじんさい》の一種であり、朝廷が司った公的な祭祀である。

老ノ坂の子安地蔵が酒呑童子の首の入京を拒んだのは、老ノ坂が鬼気を追い払う祭祀の場であったことが背景にあるのではないか。地中にモノを埋めるという行為を、魔除けの呪術の一種ととらえることもできるだろう。

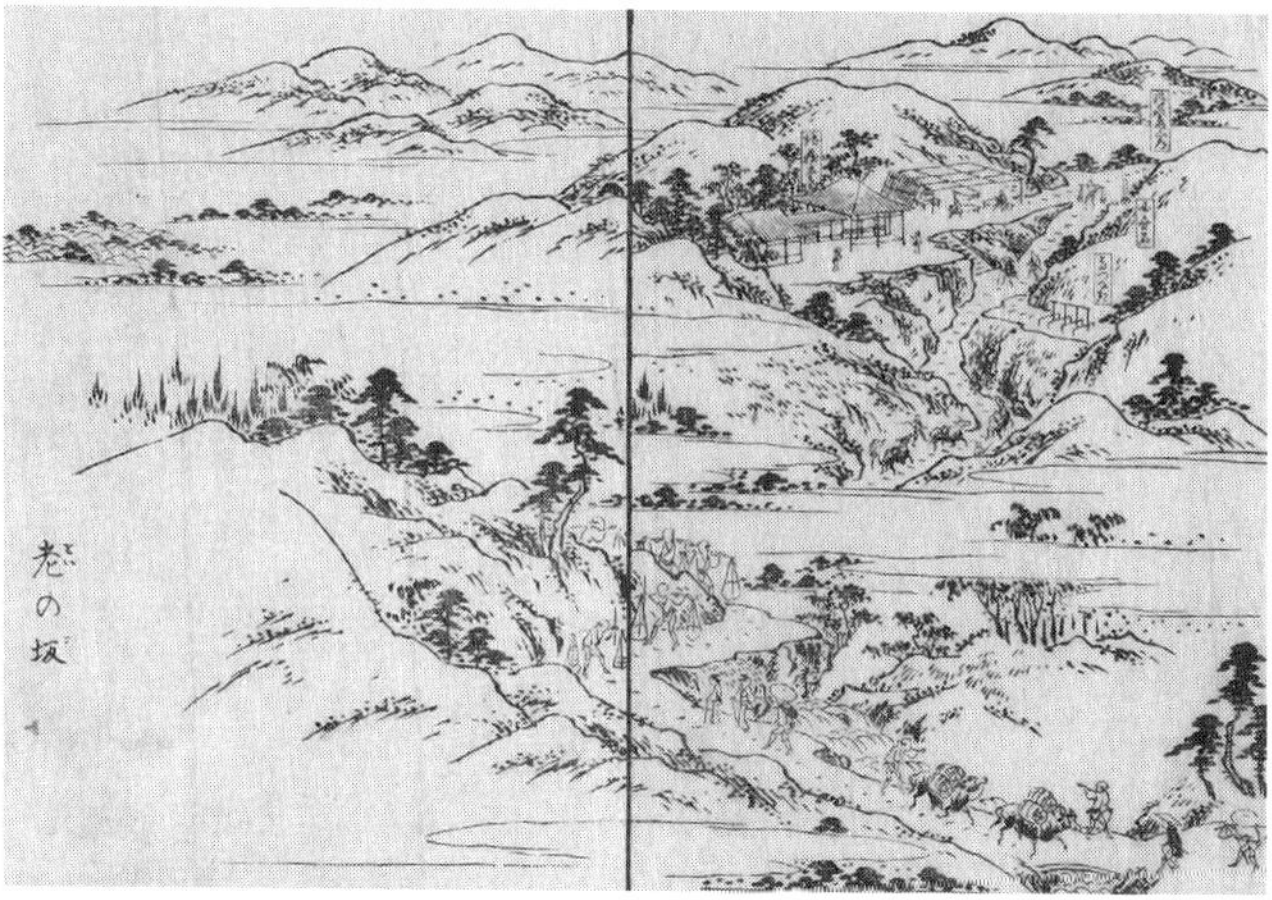

江戸時代の老ノ坂　現在の老ノ坂峠は木が鬱蒼と繁るなかに国境の道標や酒呑童子の首塚、茶屋跡などがあり、昔から多くの人々が行き交った峠道の雰囲気が残されている（『拾遺都名所図会』）

そしてまた、こう考えることもできよう。

酒呑童子という鬼の姿には、都の人びとが侵入を拒んだ悪霊邪気や疫病への恐怖、あるいは彼らの化外の民への恐怖といったものが投影されているのではないだろうか。その恐怖の集積が、国境の峠に「首塚大明神」というかたちをとって表出されたのではないだろうか。

雅な平安京から一歩外に踏み出せば、そこには魑《ち》魅《み》魍《もう》魎《りょう》がうろついている――いまも峠の山中に眠る首塚には、そんな時代を生きた人間たちの心が映し出されている。

安倍晴明と魔界をつなぐ

一条《いちじょう》戻橋《もどりばし》と真如堂《しんにょどう》

一条戻橋
上京区一条通
真如堂
左京区浄土寺真如町

死者が蘇った一条戻橋

平安京は南北約五・二キロメートル、東西約四・五キロメートルという長方形をなし、その北側中央に大内裏《だいだいり》（平安宮）があった。その北縁に沿って東西を貫いていたのが一条大路《おおじ》で、現在の一条通《どおり》にあたる。

一条大路は途中で賀茂《かも》川の分流である堀川を渡るが、そこに架けられた橋は「一《いち》条戻橋《じょうもどりばし》」と呼ばれてきた。そのいわれについては、一般にこう伝えられている。

「延喜《えんぎ》十八年（九一八）に文章博士《もんじょうはかせ》・三善清行《みよしきよゆき》が亡くなったとき、父の訃報を聞いた子の浄蔵《じょうぞう》が紀州熊野から京へ急ぎ帰った。京に着くと、亡父の葬列はちょうど一

堀川から見た一条戻橋　橋は「あの世」と「この世」の境界とされ、数多くの伝承が残る（京都市上京区）

条大路の橋の上を通っているところだった。

浄蔵が棺にすがって泣き悲しみ、神仏に熱誠をこめて祈願したところ、驚いたことに父・清行はいったん生き返った。そこからこの橋は『戻橋』と呼ばれるようになった」

この由来譚は、古いものでは鎌倉時代の仏教説話集『撰集抄《せんじゅうしょう》』に見出すことができる。

現在の一条戻橋は街中にあり、車や人が始終行き交うコンクリート製の橋となっていて、下を流れる堀川の水に勢いはないが、平安時代にはここは京域の境であり、魑魅魍魎《ちみもうりょう》が潜む草深い野を流れてきた川が足下を通り、大内裏の中の内裏（御所）からみれば、鬼が出入りすると信じられた鬼門の方角にあたっていた。

つまり、一条戻橋は妖気がそこはかとなく漏れ流れてきているような、魔界との交点ともいうべき場所であった。

あまたの怪異譚の舞台となる

そのため、この橋については、いま記した由来譚のほかにも、怪異にまつわる興味深い話があまた語り伝えられている。

源頼光《みなもとのよりみつ》(らいこう)の四天王の一人であった渡辺綱《わたなべのつな》は、深夜、戻橋の東詰で絶世の美女に出会った。家まで送ってほしいと頼まれるが、その女が鬼女の本性をあらわすと、綱はすかさず刀を抜き、鬼女の片腕を見事に斬り落とした(『平家物語』「剣巻《つるぎのまき》」)。

このとき綱が用いたとされる「鬼切《おにきり》」と呼ばれる刀が北野天満宮《きたのてんまんぐう》に現存している。

また、ここは橋占《はしうら》が行われる場所としても知られた。橋占とは、橋のたもとに立って往来する人の言葉や話を聞き、それによって吉凶を占う、というものだ。

たとえば、鎌倉時代中期の軍記物語『源平盛衰記《げんぺいじょうすいき》』の巻十「中宮御産事《ちゅうぐう》」には、こんな橋占の話が出てくる。

平安時代末期のこと、平清盛《たいらのきよもり》夫人の二位殿《にいどの》が建礼門院《けんれいもんいん》(清盛の娘で、高倉《たかくら》天皇の中宮）の難産を心配し、戻橋の東のたもとで橋占を行った。すると、橋の西から十二人の子供が手を叩きながらあらわれ、「榻《しじ》は何榻、国王の榻、八重《やえ》の潮路《しおじ》の波の寄せ榻」と繰り返し歌いながら東へ飛ぶように去って行った。「榻」というのは牛車の乗り降りに使う踏み台のことである。このことを聞いた平時忠《ときただ》（二位殿の弟で、清盛の側近）は、「国王の榻」だから、きっと生まれるのは皇子だろうと判じた。はたして生まれたのは皇子であった。

一条戻橋で鬼を退治する渡辺綱　嵯峨源氏の源融の子孫であり、源頼光四天王の筆頭として、その剛勇さで知られた（歌川国芳画）

ところが、この皇子は二歳で即位して安徳《あんとく》天皇となり、源平の戦いに巻き込まれたすえ、八歳で壇ノ浦の海に沈んでしまった。時忠は「八重の潮路の波」に寄せられて消える皇子の運命までは判じることができなかったのである。

陰陽師・安倍晴明の伝説

一条戻橋といえば、平安時代なかばに活躍した伝説的な陰陽師《おんみょうじ》、安倍晴明《あべのせいめい》（九二一～一〇〇五年）とのゆかりでもよく知られている。

伝説によると、晴明は十二神将《じゅうにしんしょう》を式神《しきがみ》として使役していたが、妻が式神の姿を畏れたので、まじないによって十二神を一条戻橋の下に置き、ことあるごとにこれを呼び出して使役していた。式神というのは、陰陽師が妖術や呪術のために操る小ぶりな鬼神のたぐいである。そのため、人が橋占をするときは必ず式神がその人の口に乗り移り、善悪を示したという。

この伝説は『雍州府志《ようしゅうふし》』などの近世の地誌に引かれているが、古くから流布していたようで、先述した『源平盛衰記』の著者は、二位殿の橋占の際にあらわれた十二の童は晴明の式神が化現《けげん》したものだろうと推測している。

また、晴明の父・保名《やすな》が戻橋のあたりで晴明のライバルであった陰陽師・蘆屋道満《あしやどうまん》に殺されるが、晴明が祈禱によって父を蘇らせた、という伝説もある。

ところで、そもそも陰陽師とはなんだろうか。

古代日本の朝廷には天体観測（天文）や暦、卜占《ぼくせん》などをつかさどる陰陽寮《おんみょうりょう》という役所が設置されていた。そしてこの役所のなかで、国家的な卜占の実務を担当したのが陰陽師と呼ばれる人たちだった。つまり、陰陽師とは本来は官職名であった。ところが、平安中期ごろから陰陽寮の活動が活発化すると、陰陽寮の官人全般が陰陽師と呼ばれるようになり、彼らが担った占いや呪術にまつわる祭祀儀礼全般が陰陽道と呼ばれるようになった。さらには、陰陽寮を辞した者や、民間で陰陽道を行う者も陰陽師と呼ばれるようになっていったのである。

陰陽道は中国の陰陽五行《いんようごぎょう》思想や道教《どうきょう》の影響を強く受けていて、その祭祀ではおもに道教の神々が祀られたが、仏教をはじめさまざまな信仰・宗教も混淆していたのが、特徴でもあった。また、仏教儀礼は寺院で、神祇祭祀は神社でふつうは執り行われるが、陰陽道の場合はとくに寺院や神社に相当する施設がなく、陰陽師は貴族の私宅や河原などに出向き、そこに祭場をもうけて祭祀を行うのが基本だった。陰陽師は、いまでいえば、医院をもたない往診専門の医者のようなものである。

陰陽道は占いや呪術を重んじた平安時代の貴族社会で大きく発展したが、そんな陰陽道の黄金期を生きたのが、安倍晴明であった。

民間陰陽師の拠点となった戻橋の晴明神社

晴明は飛鳥時代の名門豪族・阿倍氏の裔とされ、並外れた呪力をもつ陰陽師だったといい、その生涯については多くの神秘的な説話・逸話で彩られているが、信頼できる史料に則すと、その前半生についてはほとんど不明ということになる。

陰陽師となったのは四十歳ごろで、五十歳ごろに天文博士《てんもんはかせ》に進んだ。天文博士とは陰陽寮のなかで天文の観察をつかさどり、天文生《てんもんしょう》に教授を行う要職である。官人としては遅咲きであったが、しだいに天皇や藤原道長など平安京の貴顕のためにたびたび陰陽道祭祀や占いを行うようになり、名声をあげていった。位階は最終的に従四位《じゅしい》下《げ》まで進み、寛弘《かんこう》二年（一〇〇五）に八十五歳という高齢で没したとされている。最晩年まで陰陽師として活躍していたというので、気力・体力も人並み外れたものがあったのだろう。

不思議な呪力を操った晴明の活躍をよく伝えるエピソードをひとつ挙げてみよう。

「花山《かざん》天皇は雨が続くと激しい頭痛に悩まされたが、晴明はこう勘申《かんじん》した。

晴明神社　一条戻橋のたもと（北西）にあった安倍晴明の屋敷跡と伝えられる場所に鎮座する（京都市上京区）

『帝の前世は優れた修験者《しゅげんじゃ》で、大峰《おおみね》（奈良県南部の山）で修行中に入滅されました。その徳により今生《こんじょう》は天子の身にお生まれになったのですが、前生の髑髏《どくろ》が大峰の巨岩のあいだに落ちてはさまったままになっています。雨が降ると岩が太るので、髑髏がしめつけられ、今生の帝の頭もお痛みになるのです』

　そして晴明は髑髏がある大峰の谷底の場所を知らせ、髑髏を取り出して広い場所に置けば平癒するとアドバイスした。

　天皇が晴明のいう場所に人を遣わすと、たしかにその谷底に髑髏があった。

安倍晴明像　朝廷や貴族たちの信頼を受けた晴明の事績は神秘化され、数多くの伝説を生んだ（菊池容斎画）

髑髏を取り出すと、天皇の頭痛は嘘のように消え去った」（十三世紀初頭成立の説話集『古事談《こじだん》』）

のちに花山天皇は、外孫である皇太子（のちの一条天皇）の即位を企《たくら》む右大臣・藤原兼家《かねいえ》とその息子・道兼《みちかね》の陰謀に乗せられて退位・出家してしまうのだが、『大鏡《おおかがみ》』には、自邸にいた晴明が天変によって天皇の退位を察知し、内裏を退出して晴明邸の前を過ぎる天皇の姿を式神に見届けさせた――という、これもまた有名なエピソードが綴られている。

現在、堀川通《どおり》をはさんだ一条戻橋の西側に、その名も晴明町という町があり、その一画に晴明を祀る晴明神社があって、そこが晴明邸跡だとよくいわれている。

だが、史料にもとづくと、実際に晴明邸があったのは、戻橋からはやや南東に入った、土御門《つちみかど》大路と西洞院《にしのとういん》大路が交差するあたりだったようだ（山下克明『陰陽道の発見』）。

晴明神社は、晴明とのゆかりから一条戻橋付近に住み着いて晴明伝承を喧伝した民間陰陽師たちの活動から形成されたものと考えられるという。ちなみに、大正五年（一九一六）刊行の地誌『京都坊目誌《ぼうもくし》』は晴明神社について、天明《てんめい》八年（一七八八）、安政《あんせい》元年（一八五四）の火災で社記を失い、創建年月は不詳としている。

真如堂の不動明王と晴明伝説

死者をも甦らせる呪法を身につけていたという晴明だが、さしもの陰陽師が不意に死の危機に瀕し、仏尊によって窮地を救われた、という話が伝えられている。

洛東・神楽岡《かぐらおか》（吉田山）にある真正極楽寺《しんしょうごくらくじ》、通称・真如堂《しんにょどう》は天台宗の名刹《めいさつ》で、永観《えいかん》二年（九八四）、延暦寺常行堂《じょうぎょうどう》にあった阿弥陀《あみだ》如来像を神楽岡にあった東三条院（円融《えんゆう》天皇の女御《にょご》、一条天皇の母、藤原道長の姉）の離宮に移し、正暦《しょうりゃく》三年（九九二）

に寺としたのがはじまりである。同寺に安置されている不動明王《ふどうみょうおう》は晴明の念持仏《ねんじぶつ》であったといい、つぎのような由来が伝えられている。

「あるとき、晴明は難病におかされて死にいたり、冥府におもむいた。だが、閻魔王《えんまおう》の前まで行くと念持仏の不動明王があらわれ、『晴明の定命《じょうみょう》はまだ尽きていないので、娑婆《しゃば》へ返してやってくれ』と命乞いをしてくれた。閻魔王はこの願いを聞き届け、現世では横死を救い、後世には極楽往生に導くという秘密の宝印を晴明に授けた。するとたちまち晴明は生き返った。不思議なことに懐には例の秘印があった。以後晴明はこの秘印を諸人に施し、ついに定命が尽きて八十五歳で往生すると、不動明王像は秘印とともに真如堂に納められた」

この説話の原形は大永《だいえい》四年（一五二四）に成立した『真如堂縁起』のなかに見出すことができる。

陰陽師の晴明が密教特有の尊格である不動明王を常日頃信仰していたというのは不可解なことのようにも映るが、密教側が不動明王の利益《りやく》・霊験《れいけん》を謳うために、貴賤に人気のあった晴明をその引き立て役として利用したと考えることもできる。

また付け加えるならば、中世には念仏行者の臨終正念《りんじゅうしょうねん》を守護する仏尊として不動明王が盛んに信仰され、浄土信仰と不動信仰が融合して阿弥陀如来と不動明王を一体視する信仰も生まれている。晴明の死に際して不動明王があらわれ、また彼が阿弥陀浄土への往生が約束される秘印を授かったのも、理にかなったことではあるのだ。『不動明王利益《りやく》和讃』は不動信仰の功徳《くどく》について「非業《ひごう》の者は蘇生《よみがえ》り　長寿延命守りつつ　定業《じょうごう》尽きしものはただ　浄土に導き給うなり」と謳っている。

真如堂開基・東三条院と晴明のつながり

ついで気になるのは「なぜ晴明の念持仏が真如堂に納められたのか」だが、縁起ではそのあたりの経緯がわからない。

平安中期の公卿《くぎょう》・藤原行成《ゆきなり》の日記『権記《ごんき》』によれば、晴明は長保《ちょうほう》三年（一〇〇一）六月二十日に東三条院の病気平癒のために行われる一万不動像供養の日時を占ったという。残念ながら東三条院はこの年の暮れに四十歳で亡くなってしまうのだが、東三条院といえば真如堂の開基である。この東三条院のための不動供養に関する晴明の占いの故事にいつしか尾ひれがつき、以前から真如堂にあった不動明王像とも結びつけられ、その像を晴明の念持仏とする伝説が育まれていったのではないだろうか。

ちなみに、いつのころからはわからないが、真如堂は晴明の後裔である土御門《つちみかど》家の菩提寺《ぼだいじ》のひとつとなっていて、墓地には墓も残されている。

この不動尊には後日譚がある。前出の『真如堂縁起』によると、文安《ぶんあん》年間（一四四四～四九年）に晴明の子孫だという安倍有清が、真如堂の不動明王像は先祖の念持仏だから返してほしいと訴え出た。勅命によって返すことになり、唐櫃《からびつ》に納め封印をして運び出したが、いつのまにか寺に戻っていて、本尊阿弥陀如来の右に坐していた。このことを聞いた天皇は、今後も寺に安置するように命じたという。

晴明の念持仏と伝えられる不動明王像は、いまも真如堂の本堂に安置されている。縁起にあるとおり、その位置は本尊から見て右側である（秘仏のため通常は拝観できない）。

本堂では、晴明が閻魔王から授けられたという「決定往生《けつじょうおうじょう》之秘印」の頒布を受けることもできる。

真如堂　『真如堂縁起絵巻』には閻魔大王の前にひれ伏す安倍晴明の姿が描かれるなど、真如堂と晴明のゆかりは深い（京都市左京区）

決定往生之秘印　安倍晴明が蘇生の際に閻魔王から授けられたとされる印。晴明は85歳で没するまで、この秘印を多くの人に施したとされる

まつろわぬ神々がうごめく

鵺《ぬえ》大《だい》明《みょう》神《じん》社《しゃ》

鵺大明神社
上京区主税町

源頼政のヌエ退治伝説

仁平《にんぺい》年間のころ（一一五一〜五四年）、時の近衛《このえ》天皇が夜な夜な気絶せんばかりにおびえ苦しんだことがあった。効験《こうけん》のある高僧に命じて密教の大法・秘法を修《しゅう》させたけれども、一向に効き目がない。

天皇が苦しみ出すのは決まって夜中の丑《うし》の刻（午前二時ごろ）で、その時間になると東三条の森のほうから黒雲が一むら立ち起こり、御殿の上におおいかぶさって、天皇をおびえさせたのである。東三条の森とは二条大路の南、西洞院《にしのとういん》の東（中京区押小《おしこう》路通《じどおり》釜座《かまんざ》西北）の、藤原氏の氏長者《うじのちょうじゃ》が相続した東三条殿《どの》にあった、鎮守《ちんじゅ》の森であ

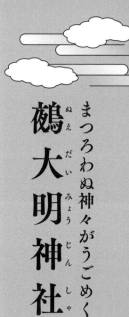

る。

そこで、公卿たちが集まって会議が行われた。

六十年ほど前の堀河《ほりかわ》天皇の時代にも、天皇が夜な夜なおびえるということがあったが、そのときは、武将の源《みなもとの》義家《よしいえ》が魔物を祓うべく弓の弦《つる》を張って鳴らし、「前陸奥《むつの》守《かみ》源義家」と声高に名乗ったところ、天皇の苦しみが治まった。

鵺（ヌエ）『平家物語』などに登場する妖怪で、猿の顔、狸の胴体、虎の手足を持ち、尾は蛇などと描写される（鳥山石燕『今昔画図続百鬼』）

そんなわけで、今回も先例にしたがって武士を警固にあたらせるべきだということになった。そうして選び出された武士は、当時五十歳ぐらいになっていた源頼政《よりまさ》であった。

頼政は「昔から、朝廷に武士が置かれるのは、反逆者を退け、勅命に背く者を亡ぼすためで、目に見えない妖怪変化《へんげ》を退治せよと命じられることなど、いまだかつてない」などと嘆じながらも、勅命なので、弓矢を携えて参内した。

案の定、その日も丑の刻になると、東三条の森の方から黒雲が一むら立ち起こり、御殿の上にたなびき、天皇の苦しみがはじまった。頼政がきっと見上げると、雲の中に怪しき物の姿がある。もし射損じたら、この世に生きていられまいと思えるほどに、不気味な姿をしている。

頼政は矢をとって弓につがえ、「南無八幡大菩薩《なむはちまんだいぼさつ》」と念じて力いっぱい引きしぼり、ひゅうっと矢を放った。矢は見事に相手に命中し、落ちて来た怪物は、頼政の従者《じゅしゃ》・井早太《いのはやた》によって押さえられ、ずたずたに斬られた。

人が集まって来て、てんでに火を灯し、怪物をよく見てみると、それは頭は猿、胴体は狸、尾は蛇、手足は虎の姿をしていて、鳴く声はヌエ（トラツグミの異名）に似ていた。なんとも恐ろしい姿であった。

これによってようやく天皇の苦しみは治まり、頼政の武芸に感心した天皇は、頼政に師子王《ししおう》（獅子王）という御剣《ぎょけん》を賜った。

妖怪変化の遺骸は、うつぼ舟に入れられて、川に流された。うつぼ舟とは木をくりぬいて作られた丸木舟のことで、異界との往来を象徴するような乗り物である。

応保《おうほう》のころ（一一六一～六三年）にも今度は二条天皇が怪鳥のヌエに悩まされたことがあったが、このときも頼政が召され、頼政は見事にヌエを射落とし、天皇をひとしきり感心させた。

和歌の名手としても知られた武人・源頼政

これは、『平家物語』巻第四「鵺《ぬえ》」に記された、有名な源頼政と怪物退治の物語のあらましである。

日本各地の林に生息するトラツグミは、一名ではヌエという。四～六月の繁殖期には夜になると陰気な声で鳴くが、ヌエとはその鳴き声を表現したものであるらしい。そんなことからヌエは不気味で不吉な鳥とされたが、この『平家物語』の伝説から、近衛天皇に召された頼政が宮中で退治した正体不明の怪物のことも、ヌエ（鵼、鵺）と呼びならわされている。

現代でも、よく政界などで「あの人はヌエみたいな人だ」といった表現が使われることがあるようだが、それは「あの政治家は、怪物のヌエのように、得体の知れない人物だ」というニュアンスだろう。

そんな異形の怪物が都の真ん中を跋扈《ばっこ》していた。魔界からの通路は、京のいたるところに潜んでいたのである。

そのヌエを退治した源頼政とは、史実としてはどんな人物だったのか。

長治《ちょうじ》元年（一一〇四）の生まれで、早くから朝廷に出仕した。ヌエ退治ののち、天皇家・摂関家の権力抗争、保元《ほうげん》の乱（一一五六年）では後白河天皇側について功をあげた。天皇・朝廷にかわって武家が政界に進出し、源氏・平氏が互いに覇を競い合うようになるのは、この保元の乱以降のことである

平治《へいじ》の乱（一一五九）では平氏側についたため、清和《せいわ》源氏ながら平氏政権下でも生きのび、治承《じしょう》二年（一一七八）には平清盛《たいらのきよもり》の進言を受けて七十五歳で従三位《じゅさんみ》に進んだ。異例のスロー出世である。

だが、治承四年には後白河法皇の皇子以仁王《もちひとおう》を奉じて平氏打倒の兵をあげ、源氏再興のきっかけをつくっている。本人は京を脱出したが、平氏の追撃を受け、宇治の平等院《びょうどういん》で自害している。武人ながら和歌の名手としても知られる。

ヌエを祀る京都の鵺大明神社

頼政は史実として確認できる事績はそれほど多くないが、『平家物語』をはじめとする軍記物語にはよく登場し、伝説伝承は豊富である。とくにヌエ退治譚は謡曲などの題材ともなって、後世、広く人口に膾炙《かいしゃ》した。また、頼政が近衛天皇から賜ったとされる太刀・師子王は清和源氏の支族だという土岐《とき》氏に伝えられ、明治時代になって明治天皇に献上されたのち、昭和戦後は東京国立博物館に移管されて現存している。

そして興味深いことに、京都市内には、頼政が退治したヌエを祀る神社まで存在しているのだ。

二条城の北側、NHK京都放送局の南にある児童公園の隅に「鵺大明神社《ぬえだいみょうじんしゃ》」という小さな社がある。祭神は頼政が射落としたというヌエである。

伝承によると、かつてこの公園のあたりには「鵺池」と呼ばれる池があって、頼政はヌエを退治したのち、血のついた鏃《やじり》をこの池で洗ったのだという。現在、社のそばには小さな池が整備され、「鵺池碑」と書かれた古い石碑が残されている。

江戸時代の名所記のたぐいをみても、なぜかこの鵺大明神社は出てこないが、それは当時はここが、江戸幕府が置いた京都所司代《しょしだい》の屋敷の敷地内だったせいらしい。

平安時代には、このあたりは大内裏《だいだいり》の敷地だった。

ならば、頼政がヌエを退治したという近衛天皇の御殿すなわち内裏もそのすぐそばだったのかというと、そういうわけでもない。

ヌエ退治の舞台となっている時代は院政期にあたるが、このころには平安京の中央北側、大内裏の中に所在した内裏は火災などで荒廃し、天皇は大内裏外にもうけられた皇居（御所）である里内裏《さとだいり》に居住するのが恒例化していた。この時期の近衛天皇は四条大路の北、東洞院大路《ひがしのとういんおおじ》の東（下京区立売西町《たてうりにしまち》付近）、つまり平安京の中央東側にあった四条内裏を里内裏としていた。ヌエを運ぶ黒雲が起こったという「東三条の森」は四条内裏から北西に一キロほどの場所であり、「鵺池」はそこからさらに北西に一キロは離れている。

そうすると、なぜ頼政は近衛天皇の御殿からはずいぶんと離れた鵺池までわざわざ出向いて鏃《やじり》を洗ったと伝えられているのだろう、という疑問がわく。

よく調べてみると、興味深いことがわかってきた。

鵺大明神社の社地は、平安京においては、正確にいうと大内裏の宮内省《くないしょう》の敷地だった。宮内省とは律令制では八省のひとつで、天皇の食膳のことをはじめ宮廷の庶務いっさいを司った役所である。そしてその宮内省の敷地の北西の隅に、「園韓神《そのからのかみの》社《やしろ》」という小さな神社があった。

鵺大明神社　二条城の北西に位置する二条児童公園内の小さな社（京都市上京区）

鵺池　弓の名人・源頼政が射た鵺はここに落ち、射抜いた矢を洗ったとされる（京都市上京区）

そこはまさに現在、鵺大明神社が建っている場所である。

ヌエは地主神の化身か

園韓神社は園神《そののかみ》と韓神《からのかみ》を祀った社で、正確には園神社と韓神社の二社からなり、平安時代中期に編纂された『延喜式《えんぎしき》』「神名帳《じんみょうちょう》」では「宮中の神」に含められている。つまり、平安宮の守護神として奉斎されていた。

園神・韓神の由来・属性については後述するとして、ここで重要なのは、園韓神社が平安遷都以前からこの地に鎮座していたと考えられていることだ。古代の法令集である『新抄格勅符抄《しんしょうかくちょくふしょう》』の大同《だいどう》元年（八〇六）牒《ちょう》に、天平神護《てんぴょうじんご》元年（七六五）に園韓神社に対して神戸《かんべ》（朝廷から有力な官社に労働力として与えられた人民）が充当されたことが明記されているからである。これは平安遷都以前の八世紀なかばにはすでに園韓神社が祭祀されていたことを示している。

園神・韓神がどんな神なのかということはさまざまに論じられていて、正確なところは不明だが、古代史学者の上田正昭氏は韓神について、平安遷都以前から京都（正確には現在の京都市北西部にあたる山城国葛野《かどの》郡）を開拓して本拠地としていた、渡来系氏族の秦氏《はた》が祀っていた神ではないか、平安遷都以前からの京都の守護神、地主神《じぬしがみ》ではないかと指摘している（『神道と東アジアの世界』）。ちなみに、平安京の大内裏の地については、もとは秦河勝《はたのかわかつ》（聖徳太子の側近として活躍した秦氏の族長）の邸だったとする伝承がある（137ページ参照）。

平安時代後期成立の儀式書『江家次第《ごうけしだい》』や鎌倉時代はじめに成立した説話集『古事談《こじだん》』によれば、平安遷都の折、園韓神社をよそに移そうとしたが、「これからもこの地にいて、帝王を守り奉る」という託宣があって、遷座がとりやめられたという。

園韓神社は中世には荒廃し、廃絶してしまった。

そんな京都の地主神にゆかりの土地に祀られている怪物ヌエとは、都の造営と新たな神仏の進出によって零落し、魔界におしこめられてしまった神々の化身だったのではないだろうか。

それを射落とした頼政が結局は非業《ひごう》の最期を遂げたのは、まつろわぬ神々の祟りを受けたからなのだろう。

近衛天皇が住んだ四条内裏の跡地には神明《しんめい》神社が建っていて、頼政がヌエ退治に使った矢の鏃《やじり》とされるものが二本、社宝として伝わっている。

異変を予言して鳴動する地霊

将軍塚《しょうぐんづか》

将軍塚青龍殿《しょうぐんづかせいりゅうでん》
（青蓮院門跡《しょうれんいんもんせき》）
山科区厨子奥花鳥町

事変の前兆として恐れられた将軍塚の地鳴り

東山《ひがしやま》三十六峰のひとつ、華頂山《かちょうざん》（標高二一〇メートル）の頂に「将軍塚《しょうぐんづか》」と呼ばれる塚がある。知恩院《ちおんいん》や円山公園の東方の丘陵の上で、京都市街全体を眺望できる佳景の地である。

保元《ほうげん》元年（一一五六）七月五日のことである。『保元物語』によると、鳥羽《とば》法皇の崩御から三日後のこの日、明け方の東の空に彗星があらわれ、将軍塚が突如、鳴動《めいどう》をはじめた。鳴動とは地鳴り、山鳴りのたぐいである。それは翌日もつづき、陰陽師《おんみょうじ》たちは天変地異の予兆と占い、鳥羽法皇の旧臣たちは「これはただごとではない、どんな世になるのか」と嘆きあった。

はたせるかな、その数日後、後白河《ごしらかわ》天皇と崇徳《すとく》上皇が対決する保元の乱が起こった。戦いは平清盛《たいらのきよもり》、源義朝《みなもとのよしとも》らを従えた後白河側の勝利に終わり、崇徳上皇は讃岐《さぬき》へ配《はい》流《る》となった。天皇家・摂関家の内部抗争に起因するこの戦いは武士が政治の表舞台に進出する端緒になったといわれている。

治承《じしょう》三年（一一七九）七月七日申《さる》の刻（午後三～五時）、にわかに南風が吹いて碧《へき》天《てん》がたちまちかき曇り、夜のように暗くなると、将軍塚が一時《いっとき》のあいだ（二時間）に三度も鳴動した（『源平盛衰記《げんぺいじょうすいき》』）。この翌年、源頼朝が挙兵し、源平の争乱がはじまった。

また『太平記《たいへいき》』巻二十七「天下妖怪事」によると、貞和《じょうわ》五年（一三四九）には正月から不吉な星や彗星がつぎつぎにあらわれた。陰陽師《おんみょうじ》たちは変事・兵乱・疫病の予兆と占ってひそかに奏上していたが、二月二十六日の夜半、今度は将軍塚がはげしく鳴動し、天空で兵馬の駆け過ぎる音が一時間ほどつづいた。京中の人びとはみな恐れおののき、いったい何が起きるのかと肝を冷やした。すると翌二十七日の昼、清水坂でにわかに火事がおこり、またたくまに火は清水寺《きよみずでら》に広がって、伽藍《がらん》を燃やしつくしてしまった。

だが清水寺全焼も、大変事の前兆のひとつにすぎなかった。

ちょうどこの時期から室町幕府の内部紛争が本格化してゆき、ほどなく足利尊氏《たかうじ》とその弟・直義《ただよし》の対立を軸とした全国的な戦乱、「観応《かんのう》の擾乱《じょうらん》」が勃発したからである。

将軍塚に埋められた巨大な土偶

なぜ、将軍塚が鳴動すると京都の人びとは動揺するのか。

『山城名勝志《やましろめいしょうし》』（一七一一年刊）が引用する『大和本記』によると、延暦十三年（七九四）に平安遷都がおこなわれたとき、桓武《かんむ》天皇は、「王法はこれまで場所を移し続けてきたが、末代にいたるまで都をこの地から遷してはならない」と命じ、土で八尺（約二・四メートル）の人形《ひとがた》を造らせ、末永く王城を守れといい含めて、これを東山の頂に埋めさせた。それは将軍塚と名づけられ、王城に事があるときはかならず鳴動するのだという。

つまり、将軍塚には平安京を守護する将軍になぞらえられる巨大な土偶が埋められていて、天下の異変を察知するとその土偶が揺れ動いて人びとに知らせる、というわ

将軍塚　東山の稜線上、華頂山の山頂にあり、現在は直径約20メートル・高さ約2メートルの塚（京都市東山区）

けである。

『平家物語』にもこれと似たようなことが書かれていて、この伝説が古くから流布していたことがわかるが、八尺の土偶については「鉄の鎧兜《よろいかぶと》を着て、鉄の弓矢をもち、（平安京に向くように）西向きに立って埋められている」と詳述されている（巻五「都遷《みやこうつり》」）。

将軍塚の鳴動の例は、中世・近世の史書にいくつも記録されており、天変地異や兵乱の前兆として人びとに注目されていたことがわかる。

各地に見られた廟墓の鳴動伝説

将軍塚にはほんとうに怪異を行う土偶が埋められているのだろうか。

明治時代のおわりごろから将軍塚は整備が行われるようになったが、その過程で、塚付近から石棺や経筒《きょうづつ》などが出土している。

じつは華頂山付近にはいくつか古墳も見つかっていて将軍塚付近古墳群と呼ばれている。そしてそのなかでもとくに大きなものが、直径四〇メートルほどの三号墳で、これが将軍塚のもとになっているのだ。

京都の将軍塚については、蝦夷《えみし》平定のため征夷大将軍《せいいたいしょうぐん》に任じられた平安初期の武将・坂上田村麻呂《さかのうえのたむらまろ》の墳墓とする俗伝もあるのだが、日本には将軍塚と称する古墳が各地に点在する。長野県の森将軍塚古墳、熊本県の塚原将軍塚古墳、群馬県の元島名《もとしまな》将軍塚古墳などがその例である。墳墓の大きさや武具が出土することなどから、「ここには昔の勇猛な武将が埋められているのだろう」と地元の人間が考え、そう伝承されたのだろうか。

また廟墓の鳴動ということに関しても、日本にはいろいろと事例がある。

承和《じょうわ》十年（八四三）、平城京のすぐ北側にある盾列《たたなみ》の山陵（佐紀盾列古墳群）で突如二度、大きな山鳴りが起こった。朝廷が調べたところ、ともに盾列にある成務《せいむ》天皇陵と神功《じんぐう》皇后陵を取り違え、これまで久しく誤った祭祀を行っていたことが判明した。そこで朝廷は改めて皇后陵に弓と剣を奉った（『続日本後紀《しょくにほんこうき》』）。山陵の鳴動は、被葬者からのメッセージとして認識されていたのである。

坂上田村麻呂像　征夷大将軍に2度就き、蝦夷征討に功績を残したことで知られる。将軍塚には、都の安泰を祈念し田村麻呂の像に甲冑を着けて埋めたという言い伝えもある（菊池容斎『前賢故実』）

大宝《たいほう》二年（七〇二）にはヤマトタケルの墓に落雷があり、文武《もんむ》天皇が勅使を遣わして改めて墓を祀らせている（『続日本《しょくにほん》紀《ぎ》』）。皇子将軍の霊威が鳴動していると考えられたのだろう。

また、奈良県桜井市の談山《たんざん》神社（多武峰《とうのみね》）にある藤原鎌足《かまたり》の墓も、事があると鳴動し、祀られている鎌足像に亀裂が走ると信じられたことは有名である。清和源氏《せいわげんじ》の祖・源満仲《みなもとのみつなか》（九一二〜九九七年）の墓がある多田院（多田神社、兵庫県川西市）も源氏に危難が起こると廟が鳴動すると信じられた。群集心理の弱点をつくような俗信であろう。

正体は京都先住民首長の古墳か

京都の将軍塚は、おそらく平安遷都のはるか以前にこの地に住んでいた一族の首長の墳墓がもとになっているのだろう。平安京の住人がそんな先住者の聖地を畏怖し、神聖視したので、天下に異変があると、都の旧主が眠る塚が鳴動するというような神秘的な伝承も生まれたのではないだろうか。

時ならぬ将軍塚が発する不気味な地鳴りは、京都の人びとには、朝廷という新たな権力によって領域を奪われたことを怨み続ける地霊のうなり声のようなものとして響いたのだろう。

将軍塚からの眺望　東山山頂にある将軍塚青龍殿からは平安神宮や鴨川、京都御苑などが眼下に臨める（京都市東山区）

その響きは、都の住人たちの胸にたえずわだかまっていた、天災、戦乱、飢饉《ききん》、疫病が繰り返される世相に対する不安・おびえのこだまでもあり、彼らの心のなかに巣食う「闇」が発する声でもあった。新型コロナウイルスが猖獗《しょうけつ》を極める令和の時代にも、将軍塚が鳴動したことはあったのだろうか。

近年、将軍塚周辺は改めて整備が行われ、青蓮院門跡《しょうれんいんもんぜき》が管理する、国宝の青不動を祀る大護摩《おおごま》堂「青龍殿《せいりゅうでん》」が建立された。付設された木造の大舞台からは、京都のみならず大阪市街までもが遠望できる、一大パノラマを堪能することができる。

京都の深層に宿る鬼女の怨念

貴《き》船《ふね》神《じん》社《じゃ》と鉄《かな》輪《わの》井《い》

貴船神社
左京区鞍馬貴船町
鉄輪井
下京区堺町通松原下ル
鍛冶屋町

水と縁結びの神、貴船神社

賀茂《かも》川上流の山深い貴船《きぶね》川の渓谷の地に、水の神である高龗神《たかおかみのかみ》を祀る古社、貴船神社が鎮座している。叡山《えいざん》電鉄の貴船口駅からは川に沿って二キロほどさかのぼった、洛北の幽邃《ゆうすい》の地である。

社伝によれば、玉依姫《たまよりひめ》が「黄船」に乗って淀川から賀茂川をへて貴船川のほとりに上陸し、一宇の祠《ほこら》を営んだのがはじまりだという。あるいは、「貴船」とは樹木の茂った山林を意味する「木生根《きぶね》（木生嶺）」の意だともいう。平安遷都のはるか以前から、山水の豊かな賀茂川上流域一帯で信仰されていた地主神《じぬしがみ》が貴船神社の原像なのだろう。

　平安遷都後は水の神ということからとくに雨乞いの神として崇敬され、霊験《れいけん》著しい神ということで朝廷によって名神《みょうじん》大社に列せられている。

　一方で、いつのころからか、貴船神社は諸願成就の神、なかでも男女の縁結びの神としても信仰を集めるようになった。

　縁結びの信仰を伝える逸話のなかで初期のものとしてよく知られているのは、平安時代中期の女流歌人・和泉式部《いずみしきぶ》のものだ。

　式部は三十を過ぎて二十も年上の藤原保昌《やすまさ》と再婚したが、やがて保昌からの愛を失ってしまった。そこで貴船神社に詣で、巫女《みこ》に頼んで夫婦和合の祭りを執り行ってもらっ

貴船神社参道　石段には燈籠が並び、夕刻の明かりが灯されるときや新緑・紅葉の季節には風情が漂う（京都市左京区）

たところ、縁を取り戻すことができた。これは『沙石集《しゃせきしゅう》』という鎌倉時代の仏教説話集に載せられている話である（巻第十末）。

強力な呪詛・丑の時参りの聖地となる

だが、出会いはかならず別れをともなう。エゴイスティックな愛はときとして容易に強烈な憎しみに転じる。どんな願いも叶えてくれるという神仏への祈りは、ときに反転して、憎しみ・恨みの対象への復讐としての祈り、すなわち「のろい（呪詛《じゅそ》）」の需要も生む。

そんなことから、貴船神社は縁結びの神であると同時に、呪詛や縁切りの神としても知られるようになった。とくに人を呪い殺す強力な呪術「丑《うし》の時（刻《こく》）参り」は貴船神社で行うと効験《こうけん》があるとされ、そこは京都屈指の魔界となったのである。

丑の時参りとは、丑の刻つまり夜中の午前二時ごろに社寺に詣で、恨む相手に見立てた藁《わら》人形を鳥居や神木に釘《くぎ》で打ちつけて祈願し、これを七日間つづけるというものだ。相手は釘に打たれた部分を病み、七日目の満願の日にはついに死にいたると信じられ、とくに男を取られた女性が憎む女や男を呪殺するために行われるものとされた。

祈願者は白衣《びゃくえ》を着、逆さにした鉄輪《かなわ》の脚に蠟燭《ろうそく》を灯し立てたものをかぶり、胸には鏡をかけ、手には金槌と釘をもつという異様な格好をして、しかも人知れず行わなければ効き目がないという。鉄輪とは、火鉢や囲炉裏《いろり》に置いて鍋や薬缶《やかん》をかける三本脚の輪形の台（五徳《ごとく》）のことである。

貴船神社と丑の時参りは古くから結びつけられていたようで、『平家物語』「剣巻《つるぎのまき》」にすでにその原形的なものが登場している。

丑時参　「草木も眠る丑三つ時」と形容されるように、その様相の違いから常世へ繋がる時刻と考えられた。また「丑寅」の方角は鬼門をさし、時刻では「丑の刻」に該当する（鳥山石燕『今昔画図続百鬼』）

それによると、嵯峨《さが》天皇（在位八〇九～八二三年）の時代、嫉妬深いある公卿の娘が生きながら鬼となって妬ましい女を祟り殺したいと願い、貴船神社に七日間籠った。さらに貴船神のお告げにしたがって顔に朱をさし、頭に松明《たいまつ》を結んだ鉄輪を載せ、夜中に大和大路《やまとおおじ》を走り抜けて宇治へ行き、宇治川に二十一日間浸かったところ、たしかに鬼女になったという。

山深い僻遠《へきえん》の地という神秘的な風土や、先住者たちが崇めた地主神に対する荒ぶる神というイメージが、貴船神社に、人間の欲情をむき出しにする禁断の呪法との結びつきをもたらしたのだろうか。宇治川にはやはり嫉妬深いことで知られた橋姫にまつわる伝説が古くからあるので、川の水への信仰にからんで橋姫伝説が貴船と結びついたということも考えられるかもしれない。あるいは、タカオカミが水の女神＝蛇体の神とされることから、鬼女のイメージが生まれたのか。

貴船神社を有名にした謡曲『鉄輪』

貴船神社の丑の時参りを広く有名にしたのは、能の謡曲『鉄輪』だといわれている。

『鉄輪』のあらましはこうだ。

ある下京《しもぎょう》の女が、自分を捨てて若い女を後妻にめとった夫を恨み、取り殺そうと願って毎夜、貴船神社に詣でてつづけた。すると、「鉄輪を頭に載せ、三本の脚に蠟燭を灯し立て、怒りの心をかきたてれば、鬼になれる」との神託がくだった。

一方、夫は悪夢にうなされるので、陰陽師《おんみょうじ》の安倍晴明《あべのせいめい》に占ってもらうと、今夜、命を失うという。そこで調伏《ちょうぶく》の祈禱《きとう》を受けていると、鬼と化した女があらわれ、夫を連れて行こうとする。だが、鬼女は夫を守護する神々に追われ、のろいの言葉を残し苦しみながら去って行った。

『平家物語』「剣巻」に材をとったのだろうが、火のともる逆さの鉄輪をかぶった鬼女の不気味な姿は、煩悩に満ちた深い嫉妬心、強い怒りをあらわしてあまりある。京の町中から連夜、歩いて貴船に通うというだけでも、たいへんな執念であろう。

本懐を遂げることができなかった『鉄輪』の鬼女の運命は、その後どうなったのだろうか。

京都市街に実在する『鉄輪』の鬼女の終焉地

興味深いことに、京都市内には鬼女の終焉地とされる場所が存在する。伝説では、彼女は鉄輪井《かなわのい》（鉄輪の井戸）と呼ばれる井戸のそばで息絶え、そこには塚が築かれたということになっているのだ。

そこは現在の地名でいうと下京区鍛冶屋町《かじや》で、民家が並ぶ細い路地の奥に伝説の遺蹟として井戸と小さな祠がいまも残っている。

『山州名跡志《さんしゅうめいせきし》』（一七一一年刊）によれば、鉄輪井で鬼女が亡くなるとその霊が荒れたので、彼女の頭に載せられていた鉄輪で塚を築き、霊を鎮めたと伝えられているのだという。

また現在の鉄輪井で頒布されている由緒書によると、鉄輪井の横には町内の氏神《うじがみ》として命婦稲荷社《みょうぶいなりしゃ》が建っていたが、昭和十年（一九三五）にこの稲荷社を再建するとき、鉄輪井も霊泉として残すため、板の井戸枠を板石にあらため、屋根をかけた。その地ならしの際に地中から「鉄輪塚」の石碑が発掘されたので、小祠として鉄輪社をつくり、鉄輪大明神のご神体としてそれを納め、稲荷社の横に祀ったという。

江戸時代には鍛冶屋町には鍛冶職人が住んでいて――それが町名の由来なのだろうが――、初期には鉄輪（金輪）町という俗称もあったという。そんなところから、この場所を謡曲の『鉄輪』と結びつけるような俗説が生まれたのだろうか。それとも、丑の時参りをするような嫉妬深い女性がこのあたりに実際に住んでいて、寂しい最期を迎えたのだろうか。

鍛冶屋町の鉄輪井と鉄輪塚は、江戸時代から京の庶民にはよく知られていた。そして不吉な場所として恐れられていたらしい。よそにいた人がここに越してくると一家が絶えるとか、商売が繁盛しなくなるなどといわれ、婚礼の行列はいっさい通らないことになっていたという（井上頼寿『京都民俗志』一九三三年刊）。

前述の由緒書によれば、鉄輪井は縁切り井戸としても有名になり、この井戸の水を飲ますと相手との縁が切れるといわれ、遠くからもこの井戸水を汲みにくる人があったという。いまは地下鉄工事などの影響で水が涸《か》れてしまったが、それでもわざわざ水を入れたペットボトルを持ってきて鉄輪井に供えて祈り、持ち帰る人もいるそうだ。

鉄輪井の底は、京都の地下深くに潜む魔界へとつながっているのだろう。

鉄輪井　民家が建て込む狭い路地の奥にひっそりとたたずんでいる（京都市下京区）

コラム

京都五社めぐり・北の護り

賀茂別雷神社《かもわけいかずちじんじゃ》

——北区上賀茂本山

平安遷都以前から京都盆地に鎮座する古社・賀茂《かも》神社は、正確には二つからなる。ひとつは賀茂山（神山《こうやま》）の麓の、賀茂川上流の東岸に鎮まる賀茂別雷《かもわけいかずち》神社（通称・上《かみ》賀茂《がも》神社）で、賀茂別雷神《かもわけいかずちのかみ》を祀る。

もう一つは、そこから四キロほど南東の、賀茂川と高野《たかの》川の合流点付近に鎮まる賀茂御《かもみ》祖《おや》神社（通称・下鴨《しもがも》神社）で、玉依媛命《たまよりひめのみこと》と賀茂建角身命《かもたけつぬみのみこと》を祀る。

伝承では、賀茂建角身命は神武《じんむ》天皇の遠征の先導を務めたと伝えられる神で（ヤタガラスを化身としたという）、その娘が玉依媛命、そして玉依媛命が丹を塗られた矢（じつは火《ほの》雷神《いかずちかみ》の化身）を夫として生んだ子が賀茂別雷神とされている。

つまり、上賀茂神社の祭神の母親と祖父を下鴨神社は祀っているわけだが、しかし先に成立したのは、下鴨神社ではなく、上賀茂神社で、そこから分立されたかたちで下鴨神社が成立したと考えられている。「京都五社めぐり」で北の護りを担うのも、下鴨神社ではなく、より歴史が古く、より北方に位置する上賀茂神社である。

社伝によると、上賀茂神社は、往古、いったん天に昇った賀茂別雷神が賀茂山に降臨したことにはじまるという。現在の境内の細殿《ほそどの》の正面には一対の円錐形の大きな立砂《たてずな》が並んでいて、上賀茂神社を象徴する光景となっているが、これは賀茂別雷神が降臨した賀茂山をかたどったもので、二つあるのは陰陽を表

京都五社と四神⑤上賀茂神社

鴨川デルタ　賀茂川と高野川の合流地。合流後は鴨川と名を変える。下鴨神社はこの付近に鎮座（京都市左京区）

しているといわれる。

六世紀なかばには欽明天皇の命令で賀茂神の祟りを鎮める祭りが行われた。これが賀茂祭すなわち葵祭《あおいまつり》のはじまりとされている。社殿がはじめて造営されたのは、天武《てんむ》天皇六年（六七七）のことだという。京都盆地に土着の賀茂氏の氏神として信仰されてきたのだろう。

下鴨神社の創祀は不詳だが、遅くとも八世紀なかばには現在地に鎮座していた。

そして八世紀末に平安遷都がなって京都が都となると、上賀茂・下鴨両神社は新都を代表する神社として厚遇され、天皇の行幸や貴族たちの参詣が行われた。

朝廷からは高い神階や社格が与えられ、王城鎮護の社として伊勢神宮に次ぐ尊崇を受けるようになった。

また、九世紀はじめからは、未婚の皇女が斎王《さいおう》（斎院《さいいん》）として賀茂祭の神事に奉仕することが慣例化している。

現在、賀茂祭は葵祭と呼ばれて毎年五月に行われているが、王朝絵巻を再現する風雅な行列のヒロインとなっている斎王代《だい》は、古代の賀茂祭における斎王をイメージしたものだ。

上賀茂神社は京都最古の神社とも称され、文久《ぶんきゅう》三年（一八六三）造営の本殿・権殿《ごんでん》は国宝。境内全域は世界遺産にも登録されている。

上賀茂神社　賀茂川の東岸に鎮座する、京都でもっとも古い神社のひとつ。ユネスコ世界遺産に登録されている（京都市北区）

下鴨神社　鴨川デルタから一直線に伸びた参道と、その正面に神殿という直線的な配置になっている（京都市左京区）

主要参考文献

野間光辰編『新修京都叢書』（全二十五巻）臨川書店（大正時代初刊の『京都叢書』を復刻・改編したもの。『都名所図会』『雍州府志』『山城名勝志』『山州名跡志』『京都坊目誌』など、京都の地誌を収録）
石田孝喜『京都史跡事典』新人物往来社、一九九四年
井上鋭夫『本願寺』講談社学術文庫、二〇〇八年
井上頼寿『京都民俗志』平凡社東洋文庫、一九六八年
上田正昭『神道と東アジアの世界』徳間書店、一九九六年
梅原猛『京都発見一　地霊鎮魂』新潮社、一九九七年
勝田至編『日本葬制史』吉川弘文館、二〇一二年
蔵田敏明『京都・異界をたずねて』淡交社、二〇〇〇年
倉松知さと『本当は怖い京都の話』彩図社、二〇一五年
小松和彦『京都魔界案内』光文社知恵の森文庫、二〇〇二年
新谷尚紀『日本人の葬儀』紀伊國屋書店、一九九二年
新谷尚紀『神道入門』ちくま新書、二〇一八年
新谷尚紀監修『神社に秘められた日本史の謎』宝島社新書、二〇二〇年

新谷尚紀監修『神様に秘められた日本史の謎』洋泉社歴史新書、二〇一五年
新谷尚紀監修『古寺に秘められた日本史の謎』洋泉社歴史新書、二〇一六年
高橋昌明『京都〈千年の都〉の歴史』岩波新書、二〇一四年
竹村俊則校注『新版都名所図会』角川書店、一九七六年
田中貴子『あやかし考』平凡社、二〇〇四年
谷川健一編『日本の神々5　山城・近江』白水社、二〇〇〇年
堤邦彦『京都怪談巡礼』淡交社、二〇一九年
角田文衛『待賢門院璋子の生涯』朝日新聞社、一九八五年
仁木宏・山田邦和編著『歴史家の案内する京都』文理閣、二〇一六年
西山良平・鈴木久男編『古代の都3　恒久の都　平安京』吉川弘文館、二〇一〇年
古川順弘『神と仏の明治維新』洋泉社歴史新書、二〇一八年
平凡社編『京都・山城寺院神社大事典』平凡社、一九九七年
本多健一『京都の神社と祭り』中公新書、二〇一五年
松尾大社監修、丘眞奈美著『松尾大社　神秘と伝承』淡交社、二〇二〇年
山下克明『陰陽道の発見』ＮＨＫ出版、二〇一〇年
山田雄司『怨霊とは何か』中公新書、二〇一四年
『歴史読本』編集部編『呪術と怨霊の日本史』新人物往来社、二〇一二年
『平安京図会』京都市生涯学習振興財団、一〇〇五年

編者略歴

新谷尚紀（しんたに・たかのり）

1948年広島県生まれ。早稲田大学第一文学部史学科卒業。同大学大学院文学研究科史学専攻博士後期課程単位取得。社会学博士（慶應義塾大学）。現在、国立歴史民俗博物館名誉教授、國學院大學大学院客員教授。著書に『伊勢神宮と出雲大社』（講談社学術新書）、『神道入門』（ちくま新書）など多数。

<執筆協力>

古川順弘（ふるかわ・のぶひろ）

1970年、神奈川県生まれ。早稲田大学第一文学部卒業。宗教・歴史分野を扱う文筆家・編集者。『神社に秘められた日本史の謎』（新谷尚紀・監修、宝島社）、『人物でわかる日本書紀』（山川出版社）、『古代神宝の謎』（二見書房）、『神と仏の明治維新』（洋泉社）ほか著書多数。本書では第1〜4章、コラムを担当。

【写真提供・協力】
仏野念仏寺、積善院、青蓮院門跡、瑞泉寺、Adobe Stock、写真AC、国立国会図書館、古川順弘

京都異界に秘められた古社寺の謎

歴史を動かした京千二百年の舞台裏

2020年9月20日　初版第1刷発行
2022年10月20日　初版第2刷発行

編　　者　新谷尚紀
発 行 者　江尻 良
発 行 所　株式会社ウェッジ
〒101-0052 東京都千代田区神田小川町1丁目3番地1
NBF小川町ビルディング3階
電話 03-5280-0528　FAX 03-5217-2661
https://www.wedge.co.jp/　振替00160-2-410636

装　　幀　佐々木博則
組版・地図　辻 聡
印刷・製本　株式会社暁印刷

＊定価はカバーに表示してあります。
＊乱丁本・落丁本は小社にてお取り替えいたします。

ISBN978-4-86310-227-9　C0026

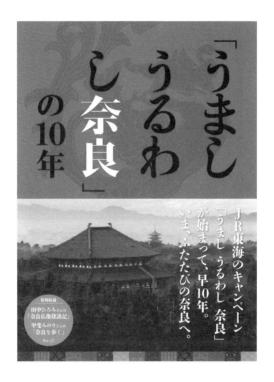